कोरोना

साहित्यपीडिया काव्य संग्रह

सम्पादक

डॉ अर्चना गुप्ता

अभिनीत मित्तल

साहित्यपीडिया पब्लिशिंग

Published by:
Sahityapedia Publishing
Noida, India – 201301
www.sahityapedia.com
Contact - +91-9618066119, publishsahityapedia.com

Title: Corona - Sahitypedia Kavya Sangrah
Editor: Dr. Archana Gupta, Abhineet Mittal

First Edition – 2021
ISBN - 978-81-947219-7-0

सम्पादकीय

वैश्विक महामारी सदैव अपने समय और भविष्य को प्रभावित करती आई है। राजनीति और भूगोल के साथ-साथ समाज और साहित्य भी इससे अछूता नहीं रहा है। महामारियों के कथानक पर आधारित अतीत की साहित्यिक रचनाएं महामारियों की भयावहता को चित्रित करने के अलावा अपने समय की विसंगतियों, गड़बड़ियों और सामाजिक द्वंदों को रेखांकित करती हैं। साथ ही सांत्वना, धैर्य और साहस का स्रोत भी बनती हैं।

ऐसी रचनाएं दुखों और सरोकारों को साझा करने वाला एक जरिया तथा अपने समय का मानवीय दस्तावेज भी हैं। टैगोर, निराला, फणीश्वर नाथ रेणु, प्रेमचंद आदि महान रचनाकारों की रचनाओं में भी विभिन्न महामारी से उपजी विभीषिका और जीवन की व्यथा का उल्लेख मिलता है।

आज कोरोना वायरस से उपजे संकट ने मानव जीवन को गहरे घाव दिए हैं। ऐसे नाजुक समय में हमें चुनौतियों का सामना करते हुये संयम, विवेक और संतुलन से आगे बढ़ना पड़ा। इस कोरोना के संकट ने हमारे मनोबल को मजबूत किया और आत्मविश्वास भी जगाया। हमें वह अवसर दिया कि हम अपने मन का काम कर सकें।

कोरोना महामारी के चलते भी कवियों, साहित्यकारों, लेखकों ने कलम के माध्यम से इस काल की पीड़ा को कहने की कोशिश की।

यह देखते हुए साहित्यपीडिया ने कोरोना काल से सम्बंधित रचनाओं की प्रतियोगिता कराकर उसमें आई रचनाओं को एक काव्य संग्रह के रूप में अति महत्वपूर्ण दस्तावेज बनाने का निर्णय लिया।

इस प्रतियोगिता में देश विदेश से सैकड़ों लोगों ने उत्साहपूर्वक भाग लिया। इन रचनाकारों की रचनाएं हज़ारों लाखों लोगों द्वारा पढ़ी और सराही गईं। इन्हीं रचनाओं का संग्रह 'कोरोना' अब आप सभी के समक्ष है।

आशा है सुधी पाठकों को ये काव्य-संग्रह अवश्य पसन्द आएगा।

डॉ अर्चना गुप्ता

सम्पादक

संस्थापक, साहित्यपीडिया

सम्पादकीय

आज पूरा विश्व कोरोना महामारी से त्रस्त है। कोरोना ने सभी को किसी न किसी रूप में अवश्य प्रभावित किया है। किसी का रोजगार चला गया तो किसी ने अपने परिवार के सदस्य को खो दिया।

इसके साथ ही सामाजिक आचरण भी प्रभावित हुआ। एक दूसरे से मिलना जुलना कम हो गया, सभी लोग मोबाइल एवं इंटरनेट की दुनिया की और गहराई में जाने लगे।

हर कठिन परिस्थिति में कुछ अच्छे बदलाव भी देखने को मिल ही जाते हैं। जहाँ पश्चिमी सभ्यता हमारे ऊपर हावी हो रही थी और लोगों के अभिवादन के लिए नमस्कार की जगह हाथ मिलाने ने ले ली थी, कोरोना की वजह से पूरा विश्व भारतीय संस्कृति के नमस्कार को अपनाने लगा।

और इस सब में एक चीज स्थिरता से चलती रही, वह थी साहित्यकार की कलम, जो समाज के प्रतिबिम्ब को अपनी लेखनी से कागज पर उतारती रही और यह सुनिश्चित करती रही कि हमारी आगे की पीढ़ियाँ इस समय की परिस्थिति को गहराई से समझ सकें।

इसी उद्देश्य के साथ हमने "कोरोना" विषय पर एक काव्य प्रतियोगिता का आयोजन किया जिसमें पूरे विश्व से साहित्यकारों ने प्रतिभागिता की और उनकी रचनाओं को लाखों पाठकों द्वारा पढ़ा और सराहा गया।

उन्ही रचनाओं में से चुनिंदा रचनाओं का यह काव्य संग्रह प्रकाशित किया जा रहा है जो भविष्य में इस कठिन समय का दर्पण बनकर एक महत्त्वपूर्ण कृति के रूप में संगृहीत रहेगा।

आशा करता हूँ कि हमारा यह प्रयास सभी को कोरोना से एक जुट होकर लड़ने की प्रेरणा देगा।

धन्यवाद,

अभिनीत मित्तल (IIM Alumnus)
सम्पादक
संस्थापक, साहित्यपीडिया

अनुक्रमणिका

कोरोना की वर्णमाला

डॉ अर्चना गुप्ता (मुरादाबाद, उत्तर प्रदेश)

क से कविता में सुनो कोरोना का राज

ख से खत्म इसे करने के सुन लो सभी इलाज

ग से गमन नहीं करो रखना इसका ध्यान

घ से घर पर ही रहो कहना ये लो मान

च से चौकस भी बहुत है अपनी सरकार

छ से छाये समाचार से टीवी और अखबार

ज से जरा समझ लो कितनी मुश्किल में है जान

झ से झांको बालकनी से रखना बन्द मकान

ट के टकराना नहीं रखना बस अलगाव

ठ से ठिठका ये जगत कैसा आया ठहराव

ड से डर कर रोकना नहीं जरूरी टास्क

ढ से ढक रखना सदा अपने मुँह पर मास्क

त से ताकतवर नहीं वैसे ये कमजोर

थ से थामना हमें इसका बढ़ता जोर

द से दवा से नहीं इसका चलता काम

ध से ध्यान से करो बस इसकी रोकथाम

न से निकट आओ नहीं अभी किसी के पास

प से प्यार का मगर बना रहे अहसास

फ से फल मीठा मिले इसका सुन लो राज

ब से बहुत सावधानी से करने अपने काज

भ से भूल न जाना धोना बार-बार बस हाथ

म से मलना उनको होगा पर साबुन के साथ

य से यायावरी से रखना होगा खुद को दूर

र से रिश्तों में हुये भले जरा मजबूर

ल से लड़ाई लंबी है पर नही छोड़नी आस

व से वैक्सीन बनेगी रखना ये विश्वास

श से शाकाहारी भोजन का करना बस पान

ष से षडयंत्रों से रखना अपनी दूरी तान

स से साफ सफाई से ही अब तो कर लो प्यार

ह से हाथ मिलाना छोड़ो किया करो नमस्कार

क्ष से क्षत्रियों की तरह बनना हमको वीर

त्र से त्रासदी से मिली दूर करो अब पीर

और बात सबसे बड़ी रखना जिसका ध्यान

ज्ञ से ज्ञान बढाओ अफवाहों पर मत दो कान

कोरोना

डॉ अर्चना गुप्ता (मुरादाबाद, उत्तर प्रदेश)

1)

कोरोना के हौसले, ऐसे हुये बुलंद
पूरे ही संसार को, किया घरों में बंद
किया घरों में बंद, लड़ाई है अब जारी
मानव ने भी जान, लगा दी अपनी सारी
कहे 'अर्चना' बात, पड़ा अपनों को खोना
लेकिन होगी जीत, हराएंगे कोरोना

2)

कोरोना ने रोक दी, जीवन की रफ़्तार
और बढ़ा दीं दूरियाँ, किया हमें लाचार
किया हमें लाचार, पड़े रहते हैं घर पर
बच्चे बड़े बुजुर्ग, सभी रहते हैं डरकर
कहे 'अर्चना' बात, नहीं भाता अब सोना
आते हैं जब स्वप्न डराता है कोरोना

3)

रहता है अब रात दिन, केवल घर का काम
कोरोना के वार ने,भुला दिया आराम
भुला दिया आराम,शौक ने पहले जकड़ा
खूब बने पकवान,हाथ गूगल का पकड़ा
मगर 'अर्चना' आज,यही मन हमसे कहता
रहते हैं बेचैन, थका सा ये तन रहता

लॉक डाउन

लव कुमार 'प्रणय' (अलीगढ़, उत्तर प्रदेश)

हर तरफ़ मौत का बवंडर है
ज़िन्दगी कैद घर के अन्दर है

तुम जुबां को सँभाल कर रखना
इस से पैना न कोई खंज़र है

अपना - अपना नसीब है यारो
कोई हीरा तो कोई पत्थर है

लॉक डाउन का ही करिश्मा ये
हर कोई आज घर का नौकर है

जिसको माना नहीं कभी हमने
उसकी मुट्ठी में ही तो अम्बर है

बोलबाला है अब करोना का
मास्क सबका ही खास ज़ेवर है

इस करोना से लॉक डाउन में
सहमा - सहमा हरेक मंज़र है

शुष्क मौसम 'प्रणय' की बस्ती का
और बेबस बहुत समन्दर है

कोरोना को तो हरगिज़ है अब ख़त्म होना

डॉ आशा कुमार रस्तोगी (लखीमपुर-खीरी, उत्तर प्रदेश)

कितने मजबूर, बेबस, बशर हो गए,
कितने क़ुर्बां, कोरोना-क़हर हो गए।

चीन से चलके आया, जो इक वायरस,
सारी दुनिया में, इसके चलन हो गए।

साँस लेना मरीज़ों का, दूभर हुआ,
अल्मते-नौ, तबीबे-नज़र हो गए।

रोग था एक हरगिज़, नया रूबरू,
दाँ-ए-साइन्स, भौचक, दहर हो गए।

था दवाओं का, दिखता नहीं कुछ असर,
सब थे टीके के बस, मुन्तज़र हो गए।

मास्क सँग, हाथ धोना, रिवायत बनी,
जलसा-ओ-रौनक़ों को, अहद हो गए।

क़ुर्बतें यूँ भी रिश्तों में, नापैद थीं,
फ़ासले, और भी अब, अहम हो गए।

कितने मोहताज-ए-रोज़ी-रोटी हुए,
कितने मजदूर थे, दर-ब-दर हो गए।

ख़त्म होना "कोरोना" को हरगिज़ है अब,
सब्रो-ईमाँ के, हम पे, करम हो गए।

अब तो ईजाद, वैक्सीन भी हो गई,
दीप "आशा" के जल, मोतबर हो गए..!

कोरोना के रोने को क्या रोना

डॉ पी के शुक्ला (मुरादाबाद, उ प्र)

कोरोना के रोने को क्या रोना, ज़रा इसको समझ लेना।
जहाँ में जब जो होना है, जो होना है सो है होना।

धरे सब नोट रह गए उनके खातों और किताबों में,
जिन्हें जाना था वो तो चल दिये बातों ही बातों में।

कोई पण्डित मुल्ला मौलवी फिर काम न आया,
न पैथी की दवा ने कोई भी असर दिखलाया।

नहीं है काम की यह संम्पदा धन और यह दौलत,
बहुमूल्य जीवन है कि अच्छे स्वास्थ्य की बदौलत।

गरीबी में दिखाई दी गजब की प्रतिरोधक क्षमता,
अमीरी हर ले गयी रोगों से लड़ने की सभी क्षमता।

असल हीरो नहीं हैं वे जो करते काम फिल्मों में,
महानायक हैं जो निश दिन जूझते अस्पतालों में।

लगा कैसा तुम्हें अब घर के अंदर बन्द रह कर के,
सोचो उन्हें तुम जिनको रखते पिंजड़ों में बंद कर के।

व्यर्थ की रह गयी नित नई खोजी जानकारी,
प्रकृति है सर्वोपरी हमको सिखाती ये महामारी।

लिख रहा इतिहास असफ़लता के प्रथम अध्याय को,
जिसे साबित किया चिकित्सा व्यवसाय ने इस जगत को।

बताया धर्म ने है हम सबको जो जीवन मार्ग यापन,
वज़ू हो कि पृच्छालन सभी सिखलाते शुचि पालन।

मत पूछो यारो, कोरोना में दिन कैसे काट रहा हूँ

आर के रस्तोगी (गुरुग्राम)

मत पूछो यारो मुझसे, कोरोना में दिन कैसे मै काट रहा हूँ।
अपने मन की बाते करके तुमसे, अपना दुःख मै बाँट रहा हूँ॥

हो गई पढाई ऑनलाइन पर, बच्चो के लैपटॉप मै लगाता हूँ।
मिलता है जो होमवर्क उनको, उसको भी मै पूरा कराता हूँ॥

काम वाली बाई सब चली गई, उनके काम भी मै करता हूँ।
घर का झाड़ू पौछा करके, फिर बर्तन भी मांजा करता हूँ॥

घर में बैठकर कंप्यूटर से, दफ्तर का सारा काम मै करता हूँ।
पड़े डाट जब बॉस की मुझ पर, उसको भी फोन से सुनता हूँ॥

इस कोरोंना काल में भैया, मुसीबतो के पापड़ मै बेल रहा हूँ।
घर में रहती है बीबी, उसके हर नखरे भी मै खूब झेल रहा हूँ॥

घर मे बन्द हूँ कैदी की तरह, बाहर निकल नहीं मै जा सकता हूँ।
बच्चे भी जो फरमाईश करते, उन फरमाइशों को मै पूरा करता हूँ॥

करी सहायता जिन लोगो की, वे भी अब अपना मुँह फेर रहे है।
बुरा भला मुझको ही कहते, उल्टा ही वे सब मुझको घेर रहे है॥

खत्म हो जाता जब सामान, उसे ऑनलाइन भी मै मंगवाता हूँ।
अधिक पैसे देकर भी, कभी कभी खराब सामान मै पाता हूँ॥

"कोरोना" बनाम "क्यों रोना"

वैशाली रस्तौगी (जकार्ता, इंडोनेशिया)

आए थे तुम, धरती पर रुलाने सकल संसार को,
ये हट थी तुम्हारी, हिला दोगे मानव परिवार को।
पर करोना जी! भूल हो गई तुमसे,
मानव को तुमने कमज़ोर समझ लिया।
बहुतों की ज़िंदगी गई,
वो कभी तो जाने वाली थी
बहुतों को दुविधा हुई,
पर तुमने दया धर्म सीखा दिया।
तुमने हमें घरों में बिठा दिया,
पर अनजाने में, अपनों से मिलवा दिया।
फास्ट फूड हो गए बंद,
शुद्ध खाना सिखा दिया।
हो गये थे जो बेनकाब,
उनको नकाबों में ला दिया
वाह करोना जी वाह,
तुमने सबको जीना सिखा दिया।

हारेगा कोरोना

सीमा गुप्ता (अलवर, राजस्थान)

कोरोना तुम को एक साल होता आया,
सारे संसार में आकर उथल-पुथल मचाया,
हवाई, रेल सब तुंरत रूकवाया,
जो जहां था उसको वहीं ठहराया,
स्कूल, कॉलेज, फैक्ट्री सब पर ताला ठुकवाया,
इस महामारी ने भयंकर रूप दिखाया,
किसी ने अपना खोया, कोई डरकर कर भी सोया,
पुलिस, डॉक्टर्स, नर्स....
अपनी परवाह छोड़, रखवाले बने हमारे,
तन की दूरी, मुख पर लंगोटी,
संग सेनेटाइजर सबको रखवाया,
हाय, हैलो तज कर... नमस्कार से सबका सम्मान करवाया,
भारत देश महान!!!
भारतीय संस्कृति को सबने अपनाया,
हिम्मत हमने नहीं हारी, मुश्किल घड़ी में भी,
जितनी चादर उतने ही पैर पसारे,
आत्मनिर्भर बना मेरा भारत, नहीं किसी के आगे हाथ फैलाए,
एक-जुट होकर एक-दूसरे का दिया साथ,
योग, सकारात्मक सोच अपना,
प्रतिरोधक क्षमता बढ़ा, कोरोना को दो मात
फिर क्या है कोरोना की औकात.....
होगा कोरोना का काम तमाम।।।

ज़रूर मेरे महकते गुलशन को किसी की नजर लगी होगी

रेखा रानी

ज़रूर मेरे महकते गुलशन को किसी की नजर लगी होगी।
जहां महकती थी खुशबू नन्हीं कलियों की,
वहां सैनिटाइजर की दवा फिजाओं में लगी होगी।
जहां बढ़ते थे कारवां स्कूल चलो अभियान के,
वहां आज वायरस से आतंकित आइसोलेशन वार्ड बनने लगे।
समय था गुरू बनकर, विश्व को अनुसरण कराने का,
आज विडम्बना देखिए वक़्त की,
कि कुछ आस्तीन के सांपों की वजह से,
हम बचाव की जानकारी करने लगे।
जहां उमड़ती थी लहर तरंगित हो ज्ञान गंगा की,
कक्षाएं चलती थीं सीख और अनुशासन की,
प्रत्येक क्षण हो 'सत्यम शिवम् सुंदरम' का,
यकायक
हर क्षण, हर शख्स एक दर्द और खौफ का पैग़ाम सा देने लगा।
जहां चहकते थे स्वर नव विहग वृंद के,
गाते थे विजय गान प्रफुल्लित मन से,
सौम्य स्वभाव के थे अंकुर फिज़ा में,
यकायक करुण स्वर, चीत्कार त्राहि माम त्राहि माम
गूंजने लगा।
"रेखा "जरूर किसी दुश्मन की इस गुलिस्तां पे नज़र पड़ी होगी।

कोरोना को और न ढोना

इंदु नांदल (जकारता, इंडोनेशिया)

कोरोना का अनजाना भय, बिगाड़ रहा था जीवन की लय।
हवाई जहाज़ों की उड़ी हवाइयाँ, असंख्य लोगों की बंद हुई कमाइयाँ।
कोरोना ने क्या दिन दिखलाए, नाक-मुँह बंद करा दिया,
कभी न रुकने वाले विश्व को, पूरे साल आराम करा दिया।
आया है ये झौंका, देने हमें भीतर झाँकने का मौक़ा,
संभाल अ बंधु डोल रही है जीवन नौका।
इंसान को भूख है बहुत पाने की, पशु-पक्षियों के हिस्से का भी खाने की।
अरे, बंधु खा जितना पचा पाए, वरना विनाश से तुझे न कोई बचा पाए।
खाने-पीने पर लगाओ रोक, शौक़ में दुनियाँ को न जहन्नुम में झोंक।
कोरोना जैसे और भी देख रहे हैं बाट, जो कर देंगे मानव की खड़ी खाट।
लालच से न नाता जोड़, मोह को छोड़, वास्तविकता से नाता जोड़।
नया साल नई सोच, फिर न करे कोई ऐसी जानलेवा खोज।
न दोहराए मानव ये भूल, घायल न कर पाए फिर कोरोना सा कोई शूल।
कोरोना के पैर नहीं हैं, हमारे सहारे बढ़ता है।
हमारी थोड़ी दूरी से देखो, पल में ये कैसे घटता है।
जो जहाँ था वहाँ रह गया, मुश्किल से हर कोई ये ग़म सह गया।
रिश्तों की ये एक नई मिसाल है, इक दूजे के बनें सब ढाल हैं।
नव वर्ष की आहट ने भरा उत्साह, जागी आस, छूटी पुराने वर्ष में आह।
आओ अपने पर संयम रखें, दिलों की नज़दीकी तन की दूरी रखें।
इम्तिहान है ये सबका, डर मत बंधु है सब पर हाथ रब का।

विराम क्यों?

निशी सिंह

कहा था किसी फकीर ने होता नही कुछ भी यहां
उसकी मर्जी के बिना चाहे ज़मी हो आसमाँ
तो सवाल अब ये उठ रहा क्यों आज कल कहो भला
लगा यहां विराम है?

क्या हर रोज की भाग दौड़ में जिसमे हर कोई था लगा
परिवार घर को छोड़ कर परेशां था वो फिर रहा
उसे लगा ये ज़िन्दगी घर के बिना तो व्यर्थ है
क्या इसलिये विराम है?

या देखा उसने हर देश में अलगाववाद था बढ़ रहा
सामन्जस्य था जो घट रहा विषम बन रहे हर देश में
वैमनस्य का प्रकोप हटे
क्या इसलिए विराम है?

हाथ जो हम धो रहे
क्या दे रहा संकेत है?

लालच द्वेष इस पर है लगा जब तक मन धुले नही
फूल प्रेम के खिलें नही धुले हुए मन के हाथों में
सृष्टिप्रेम का भाव हो नवसृजन का संचार हो
अनुभूत अब यह हो रहा
विराम इसलिए है?

कोरोना

प्रतीक जांगिड़ (भवानी मंडी, राजस्थान)

अच्छे खासी ज़िन्दगी में कुछ दिन ऐसे आये।
देश हो गया बंद ओर सब हाय हाय कर घबराएं।।

हर घर में थी चर्चा उसकी, और टीवी में हर दम समाचार।
नाम कोरोना बताया उसका, था ना जिसका कोई इलाज।।

पथ मे पथिक भटक रहे थे, भटक रहे थे सब मजदूर।
अपने घर से थे जो निकले कमाने, थे वो घर से कोसो दूर।।

है चीन तूने ये कैसा वायरस छोड़ दिया।
घबरा गया देश सारा, सबका धंधा पानी छुट गया।।

लगे देश के सभी वैज्ञानिक, दवाई इसकी बनाने में।
पर मिली नहीं कोई सफलता, अब तक कि खोज में।।

दो गज दूरी, मुंह पर मास्क, हर दम सेनेटाइजर हाथो को करते है।
अभी तक के लिए यही इलाज है जो हम सब अब करते है।।

जीत ही जाएंगे कोरोना से ये जंग भी, और कितनी ही जंग भी तो जीती है।
कोशिश करने वालो की कभी हार नहीं होती, ये कहावत भी कहा झुटी है।।

कोरोना

अमरेश मिश्र 'सरल'

चीनी यही कोरोना लाया, सबको बहुत सताया
विश्व घबरा गया है, विश्व घबरा गया है
धमकाए ये तो कभी, कभी बड़बड़ाये बड़ी तेज से
भारत इन्हें समझाए, शांति संदेशे कई भेज के
कुछ न माने है हठ ठाने औऱ बनाए बहाने
विश्व घबरा गया है, विश्व घबरा गया है
हालत बहुत है बुरी ब्राजील और स्पेन की
पूछो ना भारत से अब, क्या है दवाई इस पेन की
ट्रम्प लगाएं आस गोंसाई, मोदी दिए दवाई
विश्व घबरा गया है, विश्व घबरा गया है
मनोबल को अपने, रखो संभाले दिन रात में
खुद को न होने देना, जरा परेशां किसी बात से
धैर्य तुम्हारा अड़ा रहेगा, मोदी अपना खड़ा
विश्व घबरा गया है, विश्व घबरा गया है
विपक्ष को मोदी जी, कैसे बताएं हालात जी
समझ नही आता है, इनको पीएम कोई बात जी
गला फाड़ विरोधी चिल्लाएं, गाथा अपनी गायें
विश्व घबरा गया है, विश्व घबरा गया है
कोरोना का अंत, होगा हमारे पावन देश से
दुनिया को देंगे हम, विश्व गुरु का संदेश ये
मोदी जी के राज में हम वैक्सीन लेके आए
विश्व संदेशा पा गया है, संदेशा पा गया है..!

कोरोना वैक्सीन

सलिल शमशेरी

मीठी सी चुभन सीने में ठण्डक
बाहों में समेटने की चाहत है!
तरसती आँखो का करार
रुकी रुकी सासों की राहत है!!

ख्वाब सी तुम हकीकत हो गयी
जीने की हसीन जरूरत हो गयी!
मर मर कर जीते रहे यूँ तेरे बिन
यूँ तेरे रस की प्यास बढ़ती गयी!!

फ़ूलों सा बदन नाजुक कदमों
से हौले हौले ठुमकते आ गयी!
शीशे सी चमकती व मचलती
जीने की उमंग तरंग आ गयी!!

अब ना देगें जाने तुझे कही
अपनी नस नस में बसा लेगे!
लहू की हर एक बून्द में
तेरी खुशबू को यूँ समा लेगें!!

कोरोना

प्रतिभा आर्या

चारों तरफ सन्नाटा पसरा उफ! ये कैसी बीमारी है?
ब्रिटेन में दूसरा स्ट्रेन फिर लॉकडाउन की तैयारी है।
कोरोना का हाहाकार मचा सारा संसार लाचार हुआ,
इन्सान समझ ना पाया वो कब, कैसे बीमार हुआ?
सैनेटाईजर, मास्क, सफाई ये ही हथियार बने, कोरोना के खिलाफ पुलिस,
डॉक्टर, नर्स पहरेदार बने।
डटे रहे परिवार छोड़कर कोरोना युद्ध में जो,
नमन उन्हें मेरा शत्-शत् जीते जी बुद्ध बने वो।
आखिर में वैज्ञानिकों की मेहनत रंग लाई,
कोविशील्ड, कोवैक्सीन बनाने में सफलता पाई।
भारतीय संस्कृति ने अपना परचम फहराया,
योग, आयुर्वेद, नमस्कार को सबने अपनाया।
पर कोरोना के कुछ सकारात्मक प्रभाव हुए,
इंसानियत पर बढा भरोसा प्रकृति में बदलाव हुए।
महंगी शादियाँ सादा आयोजन में बदल गई,
रिश्तों की कीमत समझी अहंकार की बर्फ पिघल गई।
ऑनलाइन पढ़ाई ने कंप्यूटर युग साकार किया,
मोबाइल का महत्व विद्यालयों ने भी स्वीकार किया।
आओ स्वच्छता, जागरूकता समाज में फैलाएँ,
कोरोना को हरा विश्व विजयी दीप जलाएँ।

कोरोना है जिसका नाम।

कविता झा 'गीत'

शक्ल है ना कोई, धुंधली है पहचान
मौत के रूप में आ रहा अज़ीब मेहमान
अब तो सम्भल जाओ, ना बनो नादान
हल्के में मत लो, कोरोना है जिसका नाम।

लग गए ताले पूरे विश्व पर, सब बंद
रुक गया पूरा संसार जैसे, सब ठप्प
ना कोई गतिविधियाँ, ना ही हलचल
कोरोना का रखा पूरे विश्व ने मान।

ना जाति, ना धर्म, ना अमीरी-ग़रीबी देखे
मास्क, सैनिटायज़र, दो गज की दूरी रखें
नहीं तो ना कफ़न, ना नसीब हो कंधे चार
सच कोरोना है तबाही का ही दूसरा नाम।

उपचार नहीं, तो लापरवाही कभी ना करें
वैक्सीन नहीं, तो सावधानी अवश्य बरतें
रहें सतर्क, अपनी मनमानी ना करें निराधार
कोरोना डटे खड़ा है निधान हाथ को थाम।

फिर टूटेगा ताला, सजेगी रौनक़ चहुँ ओर
फिर उगेगा नव सूरज, खिलेगी नव भोर
गले मिल बाटेंगे ख़ुशी-ग़म और त्यौहार
हौंसले से कोरोना का मिटेगा नामो-निशान।

ईश्वर

सुनीता सिंघल (वडोदरा)

ढूंढते थे ईश्वर मंदिरों में, विपदा पड़ी तो जाना,
वो तो, रहते हैं थाने और अस्पतालों में।
न अपनों से मुलाकात, न आराम की कोई बात,
पी.पी.ई, की परतों के बीच, पसीने से तरबतर शरीर,
दया से भरपूर, हौसले से अमीर।
वो हफ्तों तक घर नहीं जाते,
दिन कटता वॉर्ड में, कुर्सी पर कटती रातें।
कहते हैं, सबमें ईश्वर बसता है,
सच है, वह सफेद कोट, ख़ाकी वर्दी में रहता है।
उस रोज़ वह तस्वीर देख दिल रो पड़ा,
आधे खुले दरवाज़े के बीच से, पापा को देखती बिटिया,
दूर खड़ी है, पापा अंदर नहीं आ सकते,
वो चौखट लांघ नहीं सकते।
मुंह पर रूमाल लपेट, फिर निकल जाते हैं,
गुड्डी तुम अंदर रहना, पापा भूखे को खिला कर आते हैं।
हम डरे हैं, क्या उन्हें कोरोना का डर नहीं सताता।
वो योद्धा नहीं, वे शूरवीर भी नहीं,
पर वे ही हमारे कवच हैं, प्राणों के रक्षक भी वही
ईश्वर ने हर मानव तक पहुंचने को, यह भेष लिया है,
उसी ने देखो, डॉक्टर, नर्स, पुलिस, सफ़ाईकर्मी का रूप धरा है।

कोरोना का प्रतिकार

पं. संजीव शुक्ल 'सचिन' (पश्चिमी चम्पारण, बिहार)

कोरोना का कहर मिटाने, सब मिल प्रण दुहराना जी।
दूर रहो इक दूजे से पर, मिलकर इसे हराना जी।।

मिला दिवस माँ अम्बे का नव, नव संवत्सर आया है।
महामारी के प्रतिकार का, अस्त्र शस्त्र भी लाया है।।
रण चण्डी का ध्यान करो अब, सब मिलकर गोहराना जी।...

धर्म सनातन पर जो रहते, बोलो क्या पड़ता रोना?
हाथ मिलाना जान न पाते, हमे न छूता कोरोना।।
नमस्कार को अंगिकार कर, धर्म ध्वजा फहराना जी।...

आज विश्व पर विपदा भारी, काल बना अतिकाय खड़ा।
कोरोना संमुख भारत माँ, दिखती है असहाय बड़ा।।
अपने घर में रहो अकेले, वीर बनों घहराना जी।...

प्रेम मगन हो गले न मिलना, करना नहीं ढिठाई जी।
कोरोना का मंत्र यही है, मिश्रित गरल मिठाई जी।।
बीस मिनट में हस्त प्रछालन, बार – बार दुहराना जी।...

खाँस रहे ज्वर है सर भारी, स्वास्थ्य केन्द्र जल्दी जाना।
करो सुरक्षा खुद भी सबका, स्वास्थ्य लाभ क्षण में पाना।।
गलती कर दोषी औरों को, कभी नहीं ठहराना जी।...

उपर वाले की लाठी

ममता सिंह देवा (वाराणसी)

कैसा कोरोना काल था अजब सबका हाल था
वहीं एक घर में दादी का खाना भी मुहाल था,

सब अपने में मदमस्त अपने में चूर
देखो कैसे विपदा में हो गये सब दूर,

बस खाना सरका जाते नही वो पास आते
पड़ी हुई बस परछाईयों को देखती आते जाते,

लेकिन ये कोरोना कहाँ किसी को देखता है
वो तो अपना पासा अपने मन से फेकता है,

ग्रसित हुये सब कोरोना से हाल हुआ बेहाल
अब जाना पड़ेगा अस्पताल नही चलेगी चाल,

दिमाग लगाया बेटे ने शातिर बुद्धि चलाई
बोला हमारे बगैर कैसे रहेगी मेरी बूढ़ी आई,

अधिकारी ने जाकर देखा टेस्ट उनका किया
निगेटिव रिपोर्ट ने सबको आश्चर्य से भर दिया,

इतनी देर में अधिकारी ने हालत समझ लिया
उसने तब अपनी समझ से फैसला फिर किया,

बोला तुम सब यहीं रहो आई जायेंगीं साथ मेरे
ज़िंदा रहने की ख़ातिर वो रहेगीं तुम सबसे परे,

देखा उपर वाला जब अपनी लाठी चलाता है
जिसे छोड़ा था मरने को वो उसीको बचाता है।

कोरोना में हाल बुरा है

रेखा कापसे (होशंगाबाद, मप्र)

एक विषाणु विदेशी आया, देख संक्रमण मन घबराया!
घर में नजरबंद हुए सब, सकल विश्व संकट गहराया!!

वक्त मानों थम सा गया है, ये कोरोना जम सा गया है!
हर लिया प्रकाश किसी ने, छा जैसे कोई तम सा गया है!!

देख विषाणु के तांडव को, सब लोगों का हाल बुरा हैं!
जगजीवन है अस्त-व्यस्त सा, ये कोरोना काल बुरा है!!

सर्दी- खाँसी बुखार लक्षण, स्वाद सुवास करता तक्षण!
लापरवाही ना बरतो तुम, वर्ना कर लेगा यह भक्षण!!

हो साँस लेने में कठिनाई, अस्पताल का रूख करो भाई!
खराश गले में आए गर तो, देगी दुरुस्ती गरारे रोजाई!!

स्वस्थ पौष्टिक थाल पुरा है, अल्प प्रतिरक्षा जाल बुरा है!
प्रकृति ने पलटी है मारी या, यह कोरोना काल बुरा है!!

भीड़- भाड़ है मीठी छुरी, मास्क लगाना अति जरूरी!
सावधानी बरतना तुम पूरी, बनाएं रखना दो गज दूरी!!

बार – बार हाथों को धोना, डर कर भागेगा कोरोना!
हाथ मिलाना ना किसी से, थुकने को ढूँढो ना कोना!!

इन सबका है एक ही सार, बनों नागरिक जिम्मेदार!
बदलकर अपना व्यवहार, करेंगे कोरोना पर वार!!

महँगाई ने पाँव पसारे, अर्थव्यवस्था का हाल बुरा है!
जगजीवन सब अस्त-व्यस्त, ये कोरोना काल बुरा है!!

जादूगरों की जान

राहुल गौड़ (गुड़गाँव)

सहमी, दुबकी बैठी दुनिया, बिल्कुल चुप्पौ चाप,
आँखें फाड़े देखै, कैसा मचा हुआ संताप,
चलते फिरते पुर्जों की भी, हरकत ऐसे बंद हो रही
जीवन की गाड़ी की जैसे निकले जाये भाप

नीली हरी गेंद को थामे क़ुदरत अचरज करती है,
ये है वो आदम का जाया जिसने नापी धरती है?
सहरा, जंगल, गुलशन, दरिया, बांध लिये, जो कहता था,
चारदीवारी में है दुबका, ज़र्रे की सी हस्ती है!

स्याह इबारत खबरों की में, रोज़ मौत के हर्फ़ हैं पढ़ते
ऊँचे परबत, गहरी खाई, रोज़ उतरते, रोज़ हैं चढ़ते
अपने अपने सजदे-पूजा, अपने मन के संबल से
कुछ घर बैठे, कुछ सड़कों पर, जीवन के संग्राम हैं लड़ते

काली चादर क़ायनात पर, एक से रोशन दूजी जान,
एक तार ने बाँधा सबको, साँस-आस की एक ही तान,
रंग पिघल गये चमड़ी के सब, नक़्शों की दीवारें ढह गईं
तोते खुले हैं उड़ते फिरते, अटकी जादूगरों की जान

कोरोना

संजीव सिंह (द्वारका, नई दिल्ली)

धरातल पर आज उतरी, विपदा अत्यंत ही भारी है।
बेमौत मर रहे हम सारे, कोरोना वो महामारी है।

बंद हुए पिंजरे में मानो, ऐसे बँधे हैं नर और नारी।
मिलकर हमको चलना होगा, आज यही है ज़िम्मेदारी।

मिटा भेद अमीर ग़रीब का, एक सा दर्द एक सी पीड़ा।
सदियों से जो कर ना पाया, कर गया छोटा सा कीड़ा।

मानव को मानव ना समझा, कितना बड़ा अहम है तेरा।
एक विषाणु भी ना सँभला, इतना छोटा वज़ूद है तेरा।।

कभी स्वप्न देखा ना होगा, ऐसे भी जीवन ठहरेगा।
अब तो समझ ले, हे मानव, कब तक कुदरत से खेलेगा।।

अपने जीवन के लिए, हम सबको नियम निभाना होगा।
मानवता के हित में आज, मिलकर कदम बढ़ाना होगा।।

घेरा जग को महामारी ने, विक्षिप्त हुए सब नर नारी।
बुद्धि का प्रयोग ही कर लो, वरना पड़ेगा हम पर भारी।।

कठिन समय है मेरे मित्रों, पर डरना नहीं ज़रूरी है।
कुछ ही दिनों की बात है यारों, मान नहीं, मजबूरी है।।

लड़ रहे हम बिना दवा के, मानव कितना लाचार है।
क्यों इतना डरता है मानव, तू स्वयं इसका उपचार है।।

दूर-दूर की सलाम नमस्ते, एक साथ जमा ना होना।
मास्क लगाकर ध्यान रखना, नहीं टिकेगा ये कोरोना।।

करोना का खौफ

ओनिका सेतिया 'अनु'

सुनी जो उनके आने की आहट हमने,
अपना होशो-ओ-हवास गंवाया हमने।
पहले सजग थे साफ सफाई को लेकर,
अब नया वहम का रोग लगाया हमने।
अपनों के करीब आए ज़माना हो गया,
दूर से ही सलाम को चलन बनाया हमने।
अपने ही घर जबसे नज़रबंद हम हो गए,
देखिये! खुद को ही कैदी बनाया हमने।
अपना पालतू सर्दी-जुकाम भी दुश्मन लगे,
कोरोना-ऐ-खौफ ज़हन में जबसे बसाया हमने।
अब तो ये आलम है हर शय वायरस ही दिखे,
ऐसी दीवानगी में ये क्या हाल बनाया हमने!

कोरोना

कृष्णा श्रीवास्तव (हाटा, कुशीनगर, उत्तर प्रदेश)

कोरोना का वायरस, विस्तृत जग में आज।
सावधानियां ही मनुज, सबसे बड़ा इलाज।।

हाथ धोइए आप तो, साबुन से दस बार।
तुलसी, नीम, इलायची, है इसका उपचार।।

फ़ास्ट फूड से दूरियाँ, आवश्यक श्रीमान।
गर्म पेय उपयोग से, बची रहेगी जान।।

शाकाहारी आप बन, छोड़ें मांसाहार।
साफ-स्वच्छ भोजन सदा, जीवन का आधार।।

भीड़-भाड़ से दूर रह, तजिये सारे भोग।
हल्की सर्दी में सदा, मास्क करें उपयोग।।

हाथ मिलाना छोड़कर, दुनिया करे प्रणाम।
पावन अभिवादन यही, चले सदा अविराम।।

अफवाहों को बंद कर, करें नित्य सहयोग।
भ्रान्ति दूर सब कीजिए, मिटे तभी यह रोग।।

कोरोना

पल्लवी मिश्रा (दिल्ली)

रब के दर पे सर झुका कर देख लूँ
सबके हक़ में मैं दुआ कर देख लूँ

इस वबा ने क़ैद घर में कर दिया
अब परिंदों को रिहा कर देख लूँ

ज़िन्दगी से मौत की है ठन गई
धड़कनों को मैं जिता कर देख लूँ

आंकड़े बढ़ते रहेंगे कब तलक
कुछ रियाज़ी* अब लगा कर देख लूँ

लोग अपने घर में ही महफ़ूज़ हैं
बात ये सबको बता कर देख लूँ

ख़त्म हो जाएगी शायद ये वबा
क़ायदों को भी निभा कर देख लूँ

किस ख़ता की मिल रही है ये सज़ा
रब को इक अर्ज़ी लगा कर देख लूँ

कोरोना

लक्ष्मी सिंह (नई दिल्ली)

सर पर चढ़ कर नाच रहा है, चीन का जादू-टोना।
पूरे जग में फैल रहा है, शुरू है रोना ढोना।
कुछ सावधानियां अपनाना, धैर्य से नाता रखना-
बनो सनातन शाकाहारी, होगा नहीं कोरोना।

विद्यमान है वायरस, व्याकुल विश्व विशाल|
विपदा व्यापक है विकट, विफल वैद्य बेहाल||१

कण कण को कर्कश किया, कोरोना का काल।
कठिन काल करुणा भरा, कहर किया कंकाल||२

भोजन खाना तुम सदा, धोकर अपना हाथ|
संयम, साहस, धैर्य से, देना सबका साथ||३

सुखद सनातन साधना, सेवन शकाहार|
सावधान घर में रहे, सर्व श्रेष्ठ उपचार||४

कोरोना

धीरेन्द्र वर्मा 'धीर' (मोहम्मदी-खीरी, उत्तर प्रदेश)

चीन से एक यम जब रवाना हुआ।
उसकी दहशत में सारा जमाना हुआ।

रोग फैला ये ऐसा गली हर नगर,
इसका सारा जहाँ तो निशाना हुआ।

बढ़ चली इस कदर ये हवा छूत की,
सांस पर इसका पहरा बिठाना हुआ।

घुट रहा आज दम देखो इंसान का,
क्या खुदा को जहाँ ये मिटाना हुआ।

डर रहा आदमी आदमी से यहाँ,
दूरियों से ही अब दोस्ताना हुआ।

वक़्त है कह रहा घर में रहना अभी,
रोज का बंद मिलना मिलाना हुआ।

हैं परेशां सभी काम भी ठप्प है,
क्या करें रोजी मुश्किल चलाना हुआ।

राह वीरान जंगल सा है दिख रहा,
मुफलिसी का तो घर में ठिकाना हुआ।

कोरोना को हराने की ठान लो

डॉ सुलक्षणा अहलावत (रोहतक, हरियाणा)

अब इस कोरोना को हराने की ठान लो,
खुद को घर में ही बहलाने की ठान लो।
लाशों के ढ़ेर लग जाएंगे लापरवाही से,
दूरियां एक दूजे से बढ़ाने की ठान लो।

बाजारों की रौनकें बाद में लौट आएंगी,
तुम खुद को जिंदा बचाने की ठान लो।
जिंदगी बची तो खूब जश्न मनाना तुम,
अभी कोरोना से डर जाने की ठान लो।

अदृश्य है दुश्मन समझदारी से काम लो,
घर में रहकर इसे दूर भगाने की ठान लो।
धर्म मजहब और जाति नहीं देखता है ये,
एक दूजे को यह समझाने की ठान लो।

कफ़न तक नसीब नहीं होने देता है ये,
इससे खुद को तुम छिपाने की ठान लो।
चार कंधे भी नहीं मिल पाएंगे सोच लो,
बस सावधानियां अपनाने की ठान लो।

मदिरापान के चक्कर में अंधे मत बनो,
मरीजों की संख्या घटाने की ठान लो।
वो "सुलक्षणा" भी निकली नहीं घर से,
कलम उसकी तरह चलाने की ठान लो।

कुदरत

अम्बर श्रीवास्तव (बरेली, उत्तर प्रदेश)

जाने कैसे मुकाम पे आकर,
ये दुनिया गई ठहर है,

पिंजड़े में जानवरों को रखता था इंसान,
आज कैद घर में हर पहर है,

जाने कैसी शाम है ये,
और होती कैसी सहर है,

सारी दिशाओं में फैला हुआ,
भयानक मौत का ज़हर है,

सहम सी गई है ज़िंदगी मानो,
हर आंख में डर की लहर है,

झुंझला उठी हम इंसानों पे शायद,
आज कुदरत बरसाती कहर है,

जाने कैसे मुकाम पे आकर,
ये दुनिया गई ठहर है।

कोरोना एक सबक़

सपना (बैंकॉक, थाईलैण्ड)

कोरोना की कहानी..हम सब की ज़ुबानी!
डर की चादर जो ओढ़ कर पहनी, हैरानी और परेशानी!

कोरोना का सबक़ तो इतना, सिखा रहा कितना!
रोग है तन का, बीमार हुआ मन का!

नफ़रत का, द्वेष का, घड़ा है भरा,
सोचा ना समझा..पर निकल पड़ा!

कैसे होगा बचाव, संघर्ष बड़ा,
अपना, पराया, सब है धरा,
समय का पहिया चलता चला!

समय ने खेल ऐसा खेला,
हम सब ने कोरोना झेला!

जीने की इच्छा, अपनों का मोह,
अच्छा सोच, अच्छा ही हो!

आया है कोरोना, जाएगा कोरोना, परिश्रम को बढ़ाना है,
दिवार करो..ना की, तोड़ कर, स्वस्थ मन का कोना बसाना है!

सीख तो कड़ी..पर खुद को सिखाना है!
तन को दृढ़, मन को स्थिर,
बीस को इक्कीस और बेहतर बनाना है

कोरोना

नेहा (खैरथल, अलवर, राजस्थान)

आज स्तब्ध रह गया सकल विश्व छाया कैसा कहर है
विषाणु का फैलता मकड़जाल मानवता पर बना काल है
आधुनिकता की दौड़ में जीवन और मृत्यु से जूझ रहा
हाय मानव जीवन कैसा कुछ तो प्रकृति नियम विरुद्ध रहा

स्वतन्त्रता के पंख समेट मानव चार दीवारों में कैद हुआ
पशु-पक्षी रहें स्वतन्त्र क्या निज कर्मों पर खेद हुआ
हाट- बाजार सब सूने रह गये मानव जीवन में बढ़ गई दूरिया
मन्दिर दर्शन भी अब दूर से हालातों की बंधी हुई बेड़ियां

रोजगार सब ठप्प हुए मजदूर बेबस और लाचार हुए
शहर से लेकर गांव तक कोरोना के शिकार हुए
अपनो संग समय व्यतीत कर जीवन में रस भर आया
सामाजिक जीवन का मर्म हमें समझाने आया

प्रकृति सौंदर्य से परिपूर्ण स्वच्छ जल परिवेश है
मानव जीवन को देता स्वच्छता का संदेश है
अब संकल्प यहीं स्वच्छता को जीवन ध्येय बनाना है
भारतीय संस्कृति नमस्कार अभिवादन को अपनाना है

अब समाधान इस व्याधि का कर जड़ से इसे मिटाना है
विषधर भुजंग को अब फन से अब हमें कुचलना है
डोर स्वच्छता की बांधे मास्क लगा संयम अपनाना है
विश्वास और विज्ञान से देश को वायरस मुक्त बनाना है

सिखाए कोरोना

राम किशोर राम (पठानकोट, पंजाब)

सपनों में भी अब डराए कोरोना,
जीवन को पल पल हराए कोरोना |
अपनों से अपने शिकायत थे करते,
बिछड़े थे अपने मिलाए कोरोना |
अब भी है इंसान हाथों में उसके,
जीना है कैसे सिखाए कोरोना |
मिलते हैं अपने कहाँ बाज़ारों में,
रिश्तों की क़ीमत बताए कोरोना |
धरती को देखो किया कितना मैला,
अब तो है खुद ही बचाए कोरोना |
आहट को समझो अभी तो हे प्यारे,
जीवन की राहें सुझाए कोरोना |
हस्ती है तेरी जहाँ में क्या यारा,
क्षण भर में सबको मिटाए कोरोना |
हरि सुमिरन कर मिलेगी वो मंज़िल,
वो ही ज़ब चाहे मिटाए कोरोना |

कोरोना का नही रोना

रुचिका राय

मुश्किल बड़ी थी, जंग हमने लड़ी थी,
शत्रु अनदेखा, मुसीबत आन पड़ी थी,
फिर भी दिखाई सबने बड़ी हिम्मत,
संकट की वो दुरूह वाली घड़ी थी।

प्रकृति के साथ खिलवाड़ का परिणाम,
मानव को बचाने का हर कोशिश नाकाम,
सामाजिक दूरी बनाए रखने का इन्तजाम,
फिर भी न हुआ कोरोना का काम तमाम।

हमने भी एक जुगत लगाई,
अपने शौक को जिंदा करने की उम्मीद जगाई,
कोरोना काल में अपनों के साथ वक़्त बिताई,
फिर कोरे पन्नों पर है जिंदगी लिखाई।

प्रकृति का कहर अब कब हार मानेगा,
इंसान से वो कब तक ही रार ठानेगा,
हमने भी जिद की है कभी रोना ना,
कोरोना का कहर कितना भी करोना।

कोरोना का कहर

अजीत कुमार तलवार (मेरठ)

कैसी ये बिमारी आयी, प्रलय बन दुनिया पर छाई,
ज़हन में जिसने सब के दहशत भर दी
काली सफ़ेद कमाई की जेबें खाली कर दी।
घर घर पहुंचा ये कोरोना, सुनकर दुखड़ा आ जाये रोना!!

किसने जाना था ऐसा भी मंज़र आएगा,
शाक सब्जी छोड़ इंसा जानवर खायेगा,
कहर बरसेगा तब तक सब पर,
जब तक कोई प्रकृति के विरुद्ध जायेगा!!

कोरोना जिसने सबका जीवन नरक बनाया,
जानलेवा बीमारी को न्यौता देकर आखिर कौन है आया?
जन जन पर हावी बिमारी कैसे उभरेगा संसार न जाने,
किस देश में बनेगी दवाई इसकी, इसका मरहम कौन ही जाने!!

बीमारी नहीं यह तो महामारी है,
लोगों की बुरी आदतें भी इसने सुधारी हैं,
लॉकडाउन में परेशान लोगों के लिए बन पतवार खड़ा हुआ,
वो देश का बेटा सोनू सूद सड़को पर सब के साथ डटा रहा!!

कोरोना ने दुनिया में ऐसा खेल रचाया,
अच्छे-बुरे सही-गलत से पर्दा उठाया,
लाशों के ढ़ेर लगाकर ज़िन्दगी की कीमत समझा दी जिसने,
भूले बिसरे बेटों को घर की राहें दिखला दी इसने!!

उफ्फ ये कोरोना!

सोनल निर्मल नमिता

उफ्फ ये कोरोना! कोरोना, कोरोना, हम पर ये सितम मत करोना,
कितनो की जान ले चुके हो तुम, अब तो ये मृत्यु तांडव बंद करोना।
एक विषाणु हो तुम, अपना विष फैला रहे हो,
मानव जाति पर तुम एक खतरा बनकर मंडरा रहे हो।
लेकिन तुम ये जान तो तुमसे लड़ने के लिए हम जान की बाज़ी लगा देंगे,
नामोनिशान तुम्हारा दुनिया के नक्शे से मिटा देंगे।
तुमसे हम सबको नित नित महासंग्राम लड़ना है,
आत्मसुरक्षा करते हुए जीवनपथ पर आगे बढ़ना है।
डिस्को लाइट से दिखते हो, सबको अपनी धुन पर नचा रहे हो,
खुद को मुगलेआजम और हम सबको अनारकली बनाकर मज़े उड़ा रहे हो।
सब दे रहे हैं तुमको गिन-गिन कर ताने
क्या क्या कर रहे हैं लोग कोरोना के बहाने-
कोई झाड़ू तो कोई कर रहा है पोछा,
मिलकर संभाल रखा है पूरे परिवार ने मोर्चा।
खुश हैं बच्चे के वो अपने मम्मी-पापा के साथ हैं,
अब ना दिन, दिन है, ना ही रात, रात है।
समय कठिन है, रास्ता लंबा है अँधेरो से हो कर जाना है,
इरादे बुलंद हैं हमारे, इस आग के दरिये में डूबकर पार जाना है।
हिम्मत है हम में, हम अपनी नैया पार लगाएंगे,
कोरोना की हस्ती को हम अपनी दुनिया से मिटायेंगे,
फिर लौटकर आएंगी बहारें, फिर चलेंगी दरिया में पतवारें,
देख लेना हम सब फिर खिलखिलायेंगे,
मुस्कुराएगी ज़िंदगी, फिर हम ज़िंदादिल बनजाएँगे।

कोरोना दोहा नवमी

महावीर उत्तरांचली (नई दिल्ली)

कोरोना ने विश्व को, दिया अजब सन्देश
कुदरत का सम्मान हो, दिया ग़ज़ब आदेश //1.//
है कोरोना से दुखी, यह समस्त संसार
समय अभी है चेतिए, बदलो दुर्व्यवहार //2.//
कोरोना के नाम से, सब ही हैं भयक्रान्त
आज चिता में जल रहे, बड़े-बड़े विक्रान्त //3.//
कैसा अजब निमोनिया, मानव को निपटाय
कोरोना के ताप से, भूख विदा हो जाय //4.//
कोरोना की मार से, होकर सब मजबूर
बैठे हैं बेकार हम, कामगार मज़दूर //5.//
कोरोना ने कर दिया, मानव को बीमार
वीटो पॉवर देश भी, दिखते हैं लाचार //6.//
जग व्यापी व्यापार से, मची अनोखी होड़
मानव निर्मित वायरस, अर्थ व्यवस्था तोड़ //7.//
बड़े देश तबाह हुए, चीन राष्ट्र की खोट
कोरोना के रूप में, अर्थतन्त्र को चोट //8.//
स्वास्थ्य संगठन ने दिया, ड्रैगन को चिट क्लीन
टेड्रोस* खुदी हो गया, जग में क्वारंटीन //9.//

*टेड्रोस — कोरोना काल में विश्व स्वास्थ्य संगठन (W.H.O.) प्रमुख

नाम मिला जिसे कोरोना

राजेश व्यास अनुनय (नरसिंहगढ़, राजगढ़ ब्यावरा, मध्य प्रदेश)

हाहाकार मचाया जग में, नाम मिला जिसे कोरोना।

महामारी जो बन कर आया, विज्ञान को बना दिया बोना। हाहाकार मचाया जग में, नाम मिला जिसे कोरोना।।

(१) हड़कंप मचाया इसने ऐसा, दुनिया सारी थर्राई।

मानव जीवन कैसे बचाएं, सोच सभी की घबराई।

लील गया कई जीवन अब तक, आगे जाने क्या होना।

हाहाकार मचाया जग में, नाम मिला जिसे कोरोना।।

(२) व्यवस्थाएं चौपट कर डाली, कारोबार थे बंद हुए।

क्षेत्र बचा ना कोई इससे, देवालय शिक्षालय भी बंद हुए।

चीन से चलकर सारे जहां का, रोया था कोना कोना।

हाहाकार मचाया जग में, नाम मिला जिसे कोरोना।।

(३) संदेश से अब भी आते, लौट के फिर यह आया है।

लॉकडाउन लगा मास्क लगाया शासन ने खूब समझाया है।

सटीक इलाज मिले अब तो, अनुनय जीवन नहीं है खोना।

हाहाकार मचाया जग में, नाम मिला जिसे कोरोना।।

अहद

श्याम सुंदर सुब्रमण्यन्, बैंगलोर

ज़िंदगी कुछ बोझिल सी हो गई है,
खुशगवार चेहरों की खुशी गुम हो गई है,
एक अजीब सा खौफ़ ज़ेहन पर तारी है,
चारों तरफ माहौल में अजब सी लाचारी है,
मुस्कुराहट की कोशिशें भी नाक़ाम हो गई है,
कतरा कर निकल जाने की मजबूरी हो गई है,
अपने ही गम में खोया हुआ सा लगता है आदमी,
क़ुदरत के क़हर से सताया बेब़स लगता है आदमी,
न जाने किस क़दर क़हर की ये लहर आई है,
मौजों की रवानी से इस शहर में मुर्दनी सी छाई है,
इंतज़ार के स़ब्र का बांध अब टूटने लगा है,
कुछ कर गुज़रने का जज़्बा ज़ोर पकड़ने लगा है,
क़ुदरत के इस क़हर को अब हम और ना सहेंगे,
अपने जी जान से इस क़हर से अब हम लड़ेंगे,
और इसे जड़ से मिटा कर ही अब हम दम़ लेंगे।

टिकने ना देंगे हम हिंदुस्तान में

डॉ. नरेश कुमार "सागर" (हापुड, उत्तर प्रदेश)

कोरोना के कह दिया है कान में
टिकने ना देंगे हम हिंदुस्तान में
चीन डोल या जा तू पाकिस्तान में
टिकनें ना देंगे हम हिंदुस्तान में
डर- डर के ना काम कोई हम करते हैं
विपदाओं से हंसकर हम तो लड़ते हैं
हिम्मत बहुत बची है अपनी जान में...
भाईचारा तोड़ ना अपना पाएगा
तू भी आखिर कब तक यूं लड़ पाएगा
ढूंढ ही लेंगे बसा तू जिसकी जान में...
तेरे खातिर घर से ना निकलेंगे हम
ये ना समझना तुझसे बहुत डरते हैं हम
फैंक देंगे तुझको पीक दान में...
तुझको गरूर तेरा ही खा जाएगा
भाग कोरोना गीत तू रो -रो गाएगा
दफना देंगे तुझको हम श्मशान में...
कुछ दिन और बाहर निकलना भारी है
जंग हमारी तुझसे घर से जारी है
घुसनें ना देंगे हम तुझे मकान में...
आओ मिलकर ढूंढें कुछ हल इसके
काट फैंकदो उड़ने वाले पर इसके
फिर से खिलेंगे गुल "सागर" गुलदान में...

कोरोना का है वार

रीतू सिंह (कुशीनगर)

कोरोना का है वार, चारो तरफ हाहा कार।
ऐसी महामारी, सब हुऐ लाचार।
मास्क और सैनिटाइजर, लिए हथियार।
करते एक दूसरे से दूरी बरकरार।
कोरोना का है वार, चारो तरफ हाहा कार।
अपने घर में केद हुआ, छोटा बड़ा हर इंसान।
बच्चे बूढ़े खतरे में, लोग हुऐ परेशान।
मौत दिन पे दिन बड़ रही, डॉक्टर बने पहरेदार।
कोरोना का है वार, चारो तरफ हाहा कार।
ऐसी महामारी, सब हुऐ लाचार।
पुलिस भी करती, अपनी लाठी का इस्तेमाल।
फिर भी उल्टी होती, सारी की सारी चाल।
लोकडाउन का बोलबाला, मजदूर हुऐ शिकार।
संघर्ष करती, मोदी सरकार
कोरोना का है वार, चारो तरफ हाहा कार।
ऐसी महामारी, सब हुऐ लाचार।

कोरोना चालीसा

प्रदीप तिवारी 'धवल'

श्री वीणा वादिनि सुमिर, बरनउँ हृदय विचार।
कोरोना सी व्याधि का, नहीं कोई उपचार।।
संकट में है मनुजता, जीर्ण – क्षीण पतवार।
कुटिल विषाणु से करे, त्राहि – त्राहि संसार।।
जनम वुहान चीन उपजाए, तुम मानवकृत अस्त्र कहाए।
सीमा में थी ज्योति तुम्हारी, निमित स्वार्थ फेंकी बीमारी।।
तुमने किया जो समझा भाया, शंघाई बीजिंग को बचाया।
जैविक युद्ध का घोष कराया, योरोप-अमरीका को छकाया।।
तुम निकृष्ट कोरोना दानव, तुमते त्रस्त जगत के मानव।
तुम मानव – मानव से फैलो, घातक बहुत जान से खेलो।।
जो तुमसे यदि टच हो जाई, बाढ़य रोग मरण फल पाई।
सूक्ष्म रूप धर विश्व नचावा, विकट रूप धर मृत्यु दिखावा।।
जिनपिंग कीनी बहुत बड़ाई, विश्व – विजय है तुमसे पाई।
अब उपकार करो निशि वासर, जन की हानि न हो रत्ती भर।।
श्वसन तंत्र पर राज तुम्हारा, हरते श्वास जाय नर मारा।
तुम्हरी जग मा नहीं दवाई, रहे चिकित्सक अति अकुलाई।।
लॉकडाउन में रहन हमारी, राजाज्ञा पालहि नर नारी।
हम निर्देश के पालनहारी, अनुशासित नियमित आचारी।।
पुलिस प्रशासन और चिकित्सक, करमवीर भारत के रक्षक।
सवा अरब हम हिंदुस्तानी, तुमको याद दिला दें नानी।।
सुन! कोरोना हाहाकारी, भारत से तुम करो फ़रारी।
सुख – समृद्धि देश में आए, भारत का जन-जन हरषाए।।
राजाज्ञा पालन करें, करें माँद में ठौर
कोरोना से बचत का, 'धवल' उपाय न और।।

कोरोना-एक अलग पहलू

रेखा (कोलकाता)

जीवन के इस भाग दौड़ में
आया ठहराव, तू भी रुक
इस पल को जी...

होठों पर मुस्कान अभिराम
झंझा से ले विराम
इस पल को जी

अपनों के लिए हैं वक़्त मिला
साथ बैठ, बातें कर
इस पल को जी...

खेल, झगड़, रुठ, मना
फिर से बच्चा बन जा
इस पल को जी...

किताबों की धूल हटा
पढ़ लिख, कर चिन्तन
इस पल को जी...

वो संदूक में दबे ख़त निकाल
ख़ुशबू ले, मंद मंद मुस्का
इस पल को जी...

ठहरा वक़्त न जाने कब निकल जाएगा
कुछ उनकी सुन, कुछ अपनी सुना
इस पल को जी...

कोरोना किसी को हो ना

चन्दन कुमार 'मानवधर्मी' (आजमगढ़)

छूकर लेती प्राण छीन ये,
हाय किसी को हो ना।
आयी नई बीमारी जग में
जिसका नाम कोरोना।

वुहान चीन को करके पार,
व्यापी विश्व सकल संसार।
इतनी घातक सर्दी खांसी,
हिल जाता सांसों का तार।

विपदा महा विकट घड़ी ये,
अपनों की करती पहचान।
लीन चिकित्सक सेवा में है,
तत्परता से पुलिस जवान।

औरों ने भर अपनेपन से,
रख ली नम नैनों की लाज,
धन्य हुई माता वह जनकर,
मानवता के सिर के ताज।

'चन्दन' हाथ बढ़ाओ आगे,
तुम भी मदद करो ना।
आयी नई बीमारी जग में,
जिसका नाम कोरोना।

बैरी कोरोना!

पांडेय चिदानंद "चिद्रूप"

कितनो के घर बिखर गये, जाने कितने अपनो से दूर हुए।
इस बैरी कोरोना के खातिर, हम सब कितने मजबूर हुए।।
बन्द हुआ कहीं आना जाना, कहीं पक्का रिश्ता टूट गया।
किसी का बिखरा ख्वाब, किसी का दाना पानी छूट गया।।

नव पल्लव मुरझाए, कोमल फूलों के सपने चकनाचूर हुए।
इस बैरी कोरोना के खातिर, हम सब कितने मजबूर हुए।।

पर कौन कहा टिकता है सदा, यह बात भी आनी जानी है।
कुछ बातों का ध्यान धरे तो, समझो खत्म करोना रानी है।।
सोशल डिस्टेंस, साफ सफाई, अनावश्यक नही कोई ढिलाई।
खुद ही रहो सावधान हमेशा, जब तक न मिले इसकी दवाई।।

ध्यान में रखने वाली ये बातें, जो न माने वो सबसे दूर हुए।
इस बैरी कोरोना के खातिर, हम सब कितने मजबूर हुए।।

यही सिखाता शब्द English का, करें CORONA नाम की बात।
C से Clean हाथ रखो, O से Off हो Gatherings एक साथ।।
R से Raise करो Immunity, O से Only चलो पहन के Mask।
N से कहो No हाँथ मिलाना, A से Avoid Rumours का Task।।

ध्यान रखें सबलोग वह बातें, जो W.H.O. से मशहूर हुए।
इस बैरी कोरोना के खातिर, हम सब कितने मजबूर हुए।।

कोरोना दोहे

दिनेश एल० "जैहिंद" (जयथर, छपरा, बिहार)

अब दो हज़ार बीस तो, बन बैठा यमराज,
ज़िंदगी तो ठहर गई, ठप्प पड़े सब काज,,

साँस रुके अरु दम फुले, हिया बड़ा घबराय,
मौत चक्षु संमुख दिखे, कुछ नहीं कहा जाय,

ऐसा मर्ज़ हुआ नहीं, यूँ तो लगा कयास,
कोरोना ने रच दिया, नया यहाँ इतिहास,,

नहीं भुला सकते कभी, कोरोना का मर्ज़,
जख़्म दिये इतने हमें, भूल गए हम फ़र्ज़,,

दवा नहीं इसकी कहीं, नहीं कोई उपाय,
सारा जग बेहाल है, सब करे हाय-हाय,,

जग हेतु मनहूस रहा, यह दो हज़ार बीस,
चहुँ ओर चीत्कार मचा, नज़र फेरो रवीश,,

बीस-बीस का आँकड़ा, बन बैठा है काल,
अनगिनत के प्रान गये, हैं असंख्य बेहाल,,

ज्यों कोरोना रिपु बना, अक़्ल गई चकराय,
हर देश का हाल बुरा, कौन सुमार्ग सुझाय,,

रब की तो मर्ज़ी नहीं, क्या मरे सब अकाल,
भूल हमारी माफ़ हो, काटो प्रभु अब जाल,,

कोरोना का आगाज़

मीरा ठाकुर

कोरोना....कोरोना...कोरोना....
सुन- सुन कर आ गया सभी को रोना,
कितने लोगों को पड़ गया अपनों को खोना।
लोगों से दूर हो गया नींद और चैना ॥
कई महीनों के लॉकडाउन ने
स्वयं को पहचानने की शक्ति दी,
चाहे हो मीलों का सफ़र तय
करके अपने गाँव पहुँचने की।
चाहे वो लंबा फ़ासला तय,
करके खुद के पहचान की।
चाहे वो बूढ़ा हो या बच्चा,
सबने अपने अंदर के कलाकार को दस्तक दी।
पर था यदि वो आशावादी
तो यह दर्दनाक रास्ता,
मीलों का सफ़र,
खट्टे- मीठे अनुभवों के साथ,
तय कर अपनों से मिल गया।
नहीं तो सरकार की,
या अपने नसीब की
दुहाई देता रह गया।
याद रहे
कोशिश करनेवालों की हार नहीं होती
पर किनारे बैठे रहने से भी तो
नैया पार नहीं होती॥

तुम बिन जाऊँ कहाँ!

डॉ. आरती 'लोकेश' (दुबई, यू.ए.ई.)

तुम बिन मैं जाऊँ कहाँ? हर कहीं आवश्यक मास्क,
पहले साँस जो न आती, आसान बना अब तो टास्क।
काले-गोरे का फ़र्क हटाया, रंग एक हर मुख पर छाया,
सच्ची-झूठी मुस्कान छिपाई, रूप-कुरूप भेद मिटाया।

तुम बिन मैं जाऊँ कहाँ? हमजोली रबड़ दस्ताने,
चटपट पहना काम शुरु, न चलें सुस्ती के बहाने।
छू-छूकर हर वस्तु देखी, नहीं किसी का छुआ दिल,
दूर-दूर रहता हूँ सब से, हाथ जोड़ता चलता मिल।

तुम बिन मैं जाऊँ कहाँ? हस्त प्रक्षालन के द्रव्य,
सर्वत्र तेरा सेवन नियम, दरिद्र घर या इमारत भव्य।
ले-ले छींटें अपनी हथेली, हवन नहीं पर हो आचमन,
हाथ शुद्ध हर घड़ी करूँ, रहने दूँ चाहे कलुषित मन।

तुम बिन मैं जाऊँ कहाँ? ओ! ज़ूम टीम और मीट,
मोबाइल-लैपटॉप में तुम, संग नए ऐप्स की फ़्लीट।
घर बैठे मिल सकूँ सभी से, दोस्त पुराने गहरे नाते,
दूरी घटी कि दूरी बढ़ी, गले लगे बिन चैन न पाते।

तुम बिन मैं जाऊँ कहाँ? कैशलैस धन के बैंक कार्ड,
सिक्के गिनने की खनक, भुलवाने का तुमको अवार्ड।
धंधे बंद, छूटे रोजी-कमाई, उजली-किरणें कब होंगीं फ़्लैश?
तेरी ताकत तब मानूँ कोरोना! खत्म जो हो भ्रष्टता का कैश!

कोरोना एक महामारी

अंकित अग्रवाल (इंदौर, म.प्र.)

साल 2020, अपने साथ लाया था मनहूसियत,
देखो, कितनी खराब थी, हमारी किस्मत,
कोरोना नाम की आई थी, एक महामारी,
प्रार्थना करो, किसी को ना हो, यह बीमारी,
सबको कर दिया था इसने, अपने – अपने घरों में बंद,
खत्म हो गए थे, जीवन से सारे रास और रंग,
हाँथों से चली गई थी नौकरी और छीन लिए थे पैसे,
क्या करें हम, जी कर ऐसे,
ना माल है, ना कोई धमाल,
अब आप ही बताओ, कैसे दिखाएँ हम अपना कमाल,
कई लोगों ने इस साल, अपने सगे – संबंधियों को है खोया,
वोह, अंत समय में, अपनों से भी ना मिल पाया,
यह साल, सबके लिए बनकर आया था काल,
अब तुम्हीं बचाओ हमको, इन विकट परिस्थितियों से महांकाल,
मास्क पहनना, बन गया है जीवन का महत्वपूर्ण अंग,
इस नियम को तुम, कभी न करना भंग,
रखो सोशल डिस्टनसिंग, करते रहो हैंड वाश,
कभी ना होगा आपका, इस महामारी से नाश।

कोरोना का कीड़ा

रश्मि (कोलकाता)

कोरोना का हर तरफ ऐसा है खौफ
बाकी रोगों की नहीं हो रही बात
रिश्ते नाते सब हो रहे बेजार
कौन अपना है कौन पराया
इसकी हो रही है पहचान
कोरोना का कीड़ा घुस गया है
दिलों दिमाग में इस तरह
कि मानवता भी हो गयी शर्मशार
खुन के रिश्ते भी मुंह मोड़ बैठे
तो गैरों को क्या कहना
रोग हो जाये भले कोई और
सबको लगे कोरोना का ही है वार
कोविड नेगेटिव का मांगें प्रमाणपत्र
हम तो अपने हैं- कहने वाले
मुंह चुराते फिरे सैकड़ों वार
सच ही कहा टैगोर जी ने
एकला चलो रे
एकला चलो रे....

नई आफ़त (करोना)

मनदीप गिल धड़ाक (धडाक कलां, मोहाली)

नई यारों एक आफ़त आई,
जिसने सारी दुनिया डराई।

पहले कहा वायरस करोना,
अब कहने लगे कोविंड- ऊनी।
कोई कहे अमरीकें ने छोड़ा,
कोई कहे यह पैदाईश चीनी।
कोई भी ना इलाज़ है इसका,
ईश्वर तूंही इस से अब बचाई।
नई यारों...

खांसी – ज़ुकाम, गला दुखना,
बुख़ार और दुखते हड्ड -पैर है।
आम फ्लू जैहै इसके लक्षण,
परन्तु यहाँ साँस उखड़ते ढ़ेर है।
पेश चले ना डाक्टरों की,
मुश्किल में है यह लोकाई।
नई यारों...

इलाज़ से परहेज़ अच्छा,
बात न लोगों को समझ आए।
ख़ुद को कैसे अलग रखना,
क्यों सामाजिक दूरी अपनाई जाए।
फिर बीमारी नज़दीक ना लगे,
मनदीप रखें अगर ख़ुद की सफ़ाई।
नई यारों...

जिन्दगी से हाथ धोने से भला अच्छा यही!

अनुराग दीक्षित

जिन्दगी से हाथ धोने से भला अच्छा यही।

जिन्दगी से हाथ धोने से भला अच्छा यही
खुद से अपने हाथ धोवें सबको समझावें सही
ना छुयें चेहरा स्वयं का तय ये कर लेवें सभी
संक्रमित से माहिरों ने तीन फुट दूरी कही

जिन्दगी से हाथ धोने से भला अच्छा यही।
छींकने औ खांसने में स्वच्छ कपड़ा रख सही
कुछ दिनों को तप करें रह कर सभी जन स्वग्रही
स्वच्छ हो परिवेश तन मन स्वस्थ हो पूरी मही

जिन्दगी से हाथ धोने से भला अच्छा यही।

दिख रहा मंजर अजब है वबा छाई हर कहीं
हर निगहबां का यहाँ अब फर्ज हरगिज़ है यही
एक एकादश को समझावे हकीकत हर कहीं

जिन्दगी से हाथ धोने से भला अच्छा यही।

कोरोना

अशोक सोनी (भिलाई)

कोरोना क्या है कोई व्याधि है?
महाविपदा है, देह का क्षरण है?
जीवन-मरण है, अदृश्य से रण है?
नहीं, कदाचित नहीं, कुछ नहीं
कोरोना एक भय है, भय मृत्यु का,
भय एकाकी होने का, भय अपनों को खोने का
भय उस अदृश्य विनाशक विषाणु का
जो आतुर है
समूची मानवता को भयाक्रांत कर निगलने के लिए।
कोरोना क्या है?
प्रतिफल है मनुज की कारगुजारियों का
प्रकृति से खिलवाड़ का, छेड़छाड़ का
अपनी सीमा – लंघन का
कोरोना अवसर है, आत्ममंथन का
त्रुटि सुधार का, प्रकृति से प्यार का
शिक्षण का, रक्षण का, अखाद्य भक्षण की मनाही का
कोरोना बहुत कुछ सीख देकर गमन करेगा।
निश्चित ही मनुष्य के आगे अपनी पराजय वरण करेगा।

कोरोना ने रोक दी दुनिया की रफ्तार

आकाश महेशपुरी (कुशीनगर, उत्तर प्रदेश)

कोरोना से भी अधिक, घातक थी वह भूख।
जिसके कारण राह में, प्राण रहे थे सूख।।

सभी घरों में बंद थे, थी दुनिया बेहाल।
कोई भूलेगा नहीं, मौतों का यह साल।।

याद करेगा देश यह, सरकारों की भूल।
मदिरालय को छूट थी, बंद रहे स्कूल।।

रोज़ी-रोटी ना बची, बचे नहीं व्यापार।
कोरोना ने रोक दी, दुनिया की रफ्तार।।

कोरोना से मुक्त है, गज भर नहीं जमीन।
जाने कैसी त्रासदी, लेकर आया चीन।।

रात अमावस की तरह, फैल रहा यह रोग।
मौत खड़ी है सामने, सजग नहीं हैं लोग।।

कोरोना

डॉ मधु त्रिवेदी

आया अदृश्य वायरस, हाथ सैनेटाइज कर।
हाथ सैनेटाइज कर, खूब सैनेटाइज कर।।
मास्क को मुख पर लगा, हाथ ग्लोब्स पहन
कपडे सैनेटाइज कर, सोशल डिस्टेंस रख
मैं भोगूँ अज्ञातवास, क्योंकि दूर तुमसे हूँ
कैसे पूरा हो अज्ञात वास, पा भी खोया हूँ
सोशल डिस्टेन्सिंग है कवच, जो सुरक्षा करे
हाथ सैनेटाइज कर, मास्क सैनेटाइज कर
राम पांडव जैसा अज्ञात वास, भोगा नहीं
मिलनसार भारतीय समाज ने, सोचा नहीं
पार्क बेन्चे, खेलमैदान, पब्लिक पैलेस खाली
मन हो गया बैचेन, दिमाग ख्याली ख्याली
सीमाएँ सबकी तय हो, भूगोल बदल गया
क्या करूँ क्या न, जनमानस को सजग कर
धो धो कर हाथ, दिमाग अपना धुल गया
समझे अपने को दादा, पोल खुल गया
मर्मान्तक शोक गीत, मजदूर मरे राह में
एक दो नहीं, हजारों शामिल पदयात्रा में
मरे तो अपनों बीच, सोच बढ चले पगडण्डी
वक्त के मारे मरे भूखे, मदद को आगे बढ़
देख संकट मडराता, आत्मा को सैनेटाइज किया
बढे हाथ मदद को, आगे जरूरत का दान किया
भारतीय संस्कृति का मूलतत्व, यहीं है आधार
बढे हाथ मदद को जब, तू हाथ आगे कर
आया अदृश्य वायरस, हाथ सैनेटाइज कर।
हाथ सैनेटाइज कर, खूब सैनेटाइज कर।।

कोरोना महामारी

सुरेन्द्र शर्मा (कोटखाई, शिमला)

सबकुछ अच्छा चल रहा था, तब अचानक वो आ गया!!
जब तक दुनिया समझे उसको, सारी दुनिया में वो छा गया!!

सबने कोशिश की रोकने की उसको
वो अदृश्य था नहीं रुका और
देखते ही देखते हर जगह फैल गया!!
और नई सदी में पहली बार
मानव जाति का अस्तित्व खतरे में आ गया!!

हमने उसको कोरोना नाम दिया, जो बीमारी नहीं महामारी थी!!
वो सबपर भारी थी, सबसे ज़्यादा तो उससे महाशक्तियां हारी थी!!

बहुत से लोग कोरोना का शिकार हो गए
कुछ तो दुनिया को ही अलविदा कह गए!!
मास्क पहनना और दो गज की दूरी
सभी विशेषज्ञ और डाक्टर यही कह रहे!!

दुनिया के जीने की उसने शैली ही बदल डाली!!
आधे से ज़्यादा दुनिया लॉकडाउन कर डाली!!

ज्यों ज्यों जग में इस संक्रमण से बचने की जागरूकता बढ़ गई
कोरॉना संक्रमण की दर भी अब धीरे धीरे कम हो गई!!
टीका बना कर वैज्ञानिकों ने इसे रोकने की ढूंढ ली है युक्ति
उम्मीद है जल्द मानव जाति को, इस महामारी से मिलेगी मुक्ति!!

मुकुट उतरेगा

डा. सूर्यनारायण पाण्डेय

सुन भाई, मैं सन दो हजार उन्नीस का,
आक्रान्ता सम्राट हूँ
मैं एक रहस्यमयी मुकुट हूँ.
एक यायावर हूँ, तथाकथित कोरोना हूँ
सबको मुकुट पहनाने की चाह लिए
फ़िलहाल, विश्व के दौरे पर हूँ.

जब लोग आपस में मिलते हैं
वह औपचारिकता निभाते हैं
मैं मौका देखता हूँ
चिपक लेता हूँ, पहना देता हूँ मुकुट
और इस तरह, धीरे-धीरे
अपना साम्राज्य बढ़ाता हूँ.

अभिलाषा है, पूरे विश्व को-
अपने आगोश में भर लूँ
चलते-फिरते आदमी को चुपके से डस लूँ.
पर कितने दिन खैर मनाऊंगा,
कहर कितना बरपाऊँगा,
इंसानों की फ़ितरत है,
वह हार नहीं मानते, जूझते हैं- 'काल' से
और इसी 'जिजीविषा' के कारण
सबको काल के गाल में
पहुँचाने के चक्कर में, एक दिन स्वयं,
मैं मुकुट, बेमौत मारा जाऊंगा.

कोरॉना और लॉक्ड डॉउन

गरिमा श्रीवास्तव (लखनऊ, यूपी)

इस लॉक्ड डाउन ने भी क्या कमाल कर दिया
हर आदमी को अपने अंदर छुपे इंसान से मिला दिया।

अमीर हो या हो गरीब आज सब एक से लगते है।
बर्तन धुलने में सबके हाथ घिसते है।
जो कभी गलती से भी किचेन का रूख नहीं करते थे,
आज वो बड़े शौक से थाली में व्यंजन परस्ते है।

दो कपड़ों में भी खूबसूरत लग सकते हैं
बिना लग्ज़री कार के भी मंजिल तक पहुंच सकते हैं।
बच्चे घर में रह के भी खुश हो सकते हैं
क्युकी मां पापा हर सुबह से रात साथ दिखते है।

बूढ़े मां बाप को कोई फर्क नहीं वायरस से
वो खुश हैं के मेरे बच्चे मेरे साथ ही रहते हैं।

सब बंद हैं अपने घरों में मगर
एक दूसरे के हालात से सब वाकिफ हैं।
दूर होके भी सब एक साथ ही हंसते रोते हैं।

लॉक्ड डाउन तूने कमाल कर दिया
इंसान को एक नया आईना दिखा दिया।
आइने में शक्ल तो वहीं है मगर
तूने हर हाल में जीना सिखा दिया।।

कोरोना के दौर में

बलकार सिंह हरियाणवी

कोरोना के दौर में हमनें,
कुछ खोया, कुछ पाया है।
जीवन है अनमोल हमारा,
जीना हमें सिखाया है।
दो गज की दूरी को हमनें,
जीवन में अपनाया है।
ज्यादा घुलने मिलने से,
कौन यंहा बच पाया है।
खुद की केयर करने से,
कोरोना को हराया है।
मिल गया जो अपना है,
बाकी सब पराया है।
अपनों के बीच में रहना,
कोरोना ने सिखलाया है।
बेशक बेरोजगार रहे हों,
पर अपनों को भी पाया है।
डर के आगे जीत हमेशा,
कोरोना को भगाया है।
कोरोना के दौर में हमनें,
कुछ खोया, कुछ पाया है।

कोरोना त्रासदी

प्रशांत सोलंकी (नई दिल्ली)

वेंटिलेटर पर जूझ रहा था
हाथों में फोन थाम के
बाप साहस दे रहा था
माँ की सिसकिया रोक के।

खिड़कीयों से बाहर देखता है
पसरा है सन्नाटा घुप्प सा
कुत्ते-बिल्ली सड़क पर रो रहे हैं
अब नही कोई क्यों शोर सा..?

ये क्या हुआ संसार को...?
हंसते मचलते इंसान को..?

साँसें थम ते ही गिर गया
फोन उसके हाथ से
प्लास्टिक में दफ़्न किया
माँ-बाप से दूर आखिरी स्पर्श से।

मास्क में अकेले रो रहे थे
बेटे की तस्वीर चूमकर कर
मजबूर डॉक्टर स्तब्ध थे
कोरोना को कयामत का द्वार सोचकर।

ये ईर्ष्या-लिप्सा का प्रहार है
अब इंसान ही लाचार है।

मिलकर हरा देंगे कोरोना को...

सत्यप्रकाश शास्त्री

छिपे बैठे हैं कुछ भेड़िये इंसानों की शक्ल में,
मनोरोगी हैं, पैसों के घमंड में जो ऐंठे बैठे है।।
हालत और हालात जज्बातों को बढ़ा देते हैं।
शरण में आए हुए को हमेशा पनाह देते हैं।।

परदेशी कोई किसी का क्या उठा ले जाएगा??
साहब, बदले में सैकड़ों दुआ दे कर जाएगा।।
मुश्किलों के इस दौर में इंसान-इंसान का सहारा है,
छोड़ दो तेरा-मेरा, अरे, सारा ही भारत हमारा है।।

गीता, बाईबल हो या क़ुरान सबकी बस एक ही जुबान,
धर्म से ना तोले कोई किसी को जहान हो एक समान।।
राजनीति की नहीं, अब अच्छी रणनीति की आस है,
मिलकर हरा देंगे इस महामारी को, 'सत्या' को इतना विश्वास है।।

हौसला रखो...!!

अनूप सोनसी

बुरा वक़्त हैं गुज़र जायेगा ज़रा हौसला रखो!
अच्छा वक़्त फ़िर आयेगा ज़रा हौसला रखो!

कभी रोक न पाया अंधेरा भी सवेरा होने से!
राहे ले जायेगी मंजिल पे जरा हौसला रखो!

हौसला बुलंद करके तु चल मंजिल की और!
काफ़िला खुद बन जायेगा ज़रा हौसला रखो!

मुश्किले भी आयेंगी बेइन्तहा सबकी राहों में!
जब चल पड़े हो तो फ़िर ज़रा हौसला रखो!

आज नहीं तो कल मंजिल मिल जायेगी हमें!
जीत हार का हैं फ़ासला ज़रा हौसला रखो!

मेरा नाम कोरोना

आर एस आघात (अलीगढ़, उत्तर प्रदेश)

करता हूँ जब परेशान तो आपस में दूर रहो ना,
जब दिक्कतें है लाख तो नियमों का पालन करो ना।

दूर रहे हो आजतक परिवार से, शिक़ायत भी बहुत थी उन्हें आपसे,
अब मौका जो मिला है आपको, उनकी शिकायत दूर करो ना।

खाँसी हो या छींक आपको, डॉक्टर की सलाह ले लेना,
बैद्य-हक़ीम से बच करके, विशेषज्ञ से इलाज कराओ ना।

इस महामारी में हुए हैं, बेरोजगार समाज के लाखों युवा,
भुखमरी से मरे न जनता, उनको खाने का इंतज़ाम करो ना।

प्यार में चुपके फ़िरते हैं, खुलेआम लडक़े-लड़कियाँ हज़ार,
प्यार बाद में कर लेना, सामाजिक दूरी का प्रयास करो ना।

मज़दूरों की दिन-रात मजदूरी से, बढ़ता है धन सभी अमीरों का,
“आघात” की विनती है उनसे, सभी भुखों को अन्नदान करो ना।

मेरा नाम कोरोना, मुझसे थोड़ा सा डरोना।

तन्हा शाम

पारमिता षड़गीं

ये कैसा भुताणु है, जिस से
हर सुबह डरी हुई है
हर शाम तनहा है
सोता देह मेरा इस घर में
आत्मा तो दुसरे सहर में है
ये कैसी चादर फैली है, इस से
समाज शब्द विहिन है
सपने सारे खंडहर में दफन हैं
मिलने की तड़प है, मगर
निश्वास पर विश्वास कहां है,
बेचैन दिल कितना बेबस है
एक वह दिन था जब
कोई भी न रोकता था
कोई भी न टोकता था
दोस्तों से बेधड़क मिलकर
हर कोई तो बोलता था
ये कैसा आलम है, अब
हर कोई अवाक है
दोस्त सभी खामोश है
आसमान के परे
क्या कोई देवता नाराज़ हैं?
ये तो कोरोना का कहर है, और
इस घर से हमें उभरना है
इस डर से हमें उभरना है।

सुन कोरोना

ज्योति (नई दिल्ली)

सुन कोरोना! जब तु आया था,
सब के मन में डर समाया था।

ना तु अपना है ना तु पराया है,
तु तो बस एक साया है ।
छोटी छोटी गलतियां हमारी
तुने याद दिलाया है,
दुनिया के इतिहास में
सिर्फ अपना नाम
दर्ज कराने आया है।

आज नहीं तो कल,
एक दिन तो तेरा
नामो – निशां मिट जाएगा।
तेरी वैक्सिंग ढूढ़ कर,
कोई वैज्ञानिक तो
अपना नाम अमर कर जाएगा।

कोरोना में जिंदगी की मुश्किल

मनीष कुमार सिंह 'राजवंशी' (जौनपुर उत्तर प्रदेश)

अजीब दर्द है, उलझन है, तन्हाई है।
जिंदगी मुश्किलों में उतर आई है।
एक आस से नजरे देखती है उधर।
जिधर से यादों की झलक आई है।
सोचता हूँ क्या खत्म है यह सफर।
गुनता हूँ खुद में कई सौ जहर।
वह आखिरी पड़ाव नजर आई है।
जिंदगी मुश्किलों में उतर आई है। -१
जो साथ थे, सपने थे, अपने थे।
बिताए पल खुशी के कुछ हमने थे।
टूट सा अचानक वह मंजर गया।
सपनों पर जैसे कोई खंजर गया।
एक पल में जिंदगी बिखर आई है।
जिंदगी मुश्किलों में उतर आई है। -२
जहा से जाने पर तुम ये कहना।
नेकदिल था, मुस्कुराता भी था।
कुछ नया आजमाता भी था।
सोचते रहना क्या कमी रह गई।
जो तकलीफ बेदर्द सही ना गईं।
आँख अश्कों से छलक आईं है।
जिंदगी मुश्किलों में उतर आई है। -३

प्रकृति का हरण

सारिका फ़लोर

जल थल नभ सब पर वर्चस्व मेरा यही सोच यही जज्बा था तेरा
घमंड में मगरूर होकर इतराता रहा तू देख तेरा तो खुद का वजूद भी नहीं है तेरा।

अब तक तू इठलाता रहा, स्वामित्व सब पर जताता रहा
कृतज्ञता का भाव कभी अंदर ना रहा
सोच थी तेरी यही बस, सब कुछ मेरा सिर्फ मेरा
देख तेरा तो खुद का वजूद भी नहीं है तेरा

पिंजरबद्ध किया जीवों को, प्रकृति पर किया प्रहर
समझा महत्वहीन सबको तूने, माना ना कभी किसी का आभार
लिप्तरहा स्वार्थसिद्धी में गाता रहा राग मेरा मेरा
देख तेरा तो खुद का वजूद भी नहीं है तेरा

एक छोटे से वायरस ने दिखादी, दिखादी तुझे अपनी औकात
कूदरत के आगे तू भी सिर्फ़ है एक मोहरा, तेरी अपनी नहीं कोई बिसात
क़ैद हुआ अपने ही आशियाने में, जो समझता था सब पर वर्चस्व मेरा
देख तेरा तो खुद का वजूद भी नहीं है तेरा

कोरोना के रूप में प्रकृति दे रही तुझे संदेश
संभलजा ए मानव, वरना बचेगा नहीं तेरा अंश मात्र भी शेष
दया प्रेम का भाव दिखा तू, प्रकृति का कर आदर तू
क्यूँकि जीवन पर हक़ है समान सबका सिर्फ इख्तियार नहीं है तेरा
देख तेरा तो खुद का वजूद भी नहीं है तेरा

कोरोना की करुणा-विहीन अट्टाहश

अमित कुमार पाण्डेय

मुर्दे पंक्तिबद्ध हुए है कब्रगाह में जाने को
जिंदा इंसान, पर, मतवाला है मुर्दों में सँगत पाने को
बता बता सब थक गए, मिन्नते भी बेकार हुई
घर में तुम्हे बैठाने की अरबों की हानि भी हार गई।

जिंदगी थर थर कांप रही, कफनों में आंसू पोछ रही
न्यूयॉर्क से लेकर इटली तक कि सड़के शमसान हुईं।
गंगा की तट पर भी अब आहट सुनाई देती है
कोरोना की करुणा-विहीन अट्टाहश सुनाई देती है।

इस विपदा! इस दावानल को यहीं हमें रोकना होगा
भारत की तपोभूमि पर इसका वध करना होगा
जागो भारतवंशियों! अपने इष्ट अपने ऋषियों का स्मरण करो
अपने अन्दर राम के धैर्य, कृष्ण के योग, महादेव के ध्यान का चिंतन करो।

स्थूल जगत में रुक जाना होगा,
स्वयं के अन्दर जाना होगा।
स्वच्छता अपनाना होगा,
थोड़ी कमी में जीवन को जूझाना होगा

इस प्रण को व्रत के जैसा निभाना होगा
हमें थोड़ा और अपने को कठोर बनाना होगा
अपने तपोबल से अभीष्ट को पाना होगा
जीवन के लौ को झंझावातों से बचाना होगा।

कोरोना काल

डाक्टर सुरभि (दिल्ली)

मायूसी पसरी हुई थी
सन्नाटे का आगाज था
सभी कौने खाली पड़े थे
पुलिस का चाकचौबंध था।

कुत्ते बिल्ली रो रहे थे
एम्बुलेंश का शोर था
मायूस डॉक्टर हो रहे थे
ये कयामत सा दौर था।

भुतहा संसार बन रहा था
घरों में उदासी का माहौल था
मौत के मुहाने पर खड़ी थी जिंदगी
हर कोई लाचार था।

कब्रिस्तानों में कतारें लगीं थी
उम्मीदें सारी खो रही थी
हर कोई अकेला बेचैन था
मास्क सेनिटाइजर का साथ था।

कुदरती ये खेल नही
इंसानी लिप्सा का परिणाम था
जिजीविषा का ये वक्त है
जीतना ही एक मात्र लक्ष्य है......

काल कोरोना

साहिल (कुदरा, सासाराम)

काल कोरोना जब आया
मानव मन में भय समाया,

ज्ञानी- विज्ञानी परख न पाएं
लगे जपने मास्क पहनें दूरी बनाएं,

विश्व -विजय की हठ ठानी
जैविक बम की गढ़ी कहानी,

उल्टा ऐसा दाव हुआ
स्रष्टा को हीं घाव हुआ,

बुहान में विहान हुआ, अमेरिका में दिन;
इटली में रात हुई, भारत गिने दुर्दिन

महामारी से उत्पन्न हुई संकट
हर क्षेत्र में समस्या दिखी विकट,

कोई भूखा लगा दम तोड़ने
प्रवासी रात में लगे दौड़ने,

मानव काल का ऐसे ग्रास हुआ
जैसे राम-लक्ष्मण को नागपाश हुआ,

आयुर्वेद और योग ने फिर विश्वास दिलाया
पुनः भारत विश्व गुरु, विश्व पटल पर छाया।

पति की चिता को पत्नी ने दी मुखाग्नि

सुरेश कुमार चतुर्वेदी

पति चिता को मुखाग्नि देने की, सत्य एक करुण कहानी है
नारी के सेवा साहस की, अनुपम एक निशानी है
कैराना पीड़ित एक पति, अस्पताल में भर्ती थे
पत्नी सेवा करती थी, डॉक्टर मना करते थे
पति की सेवा से बीमारी लग जाएगी, बिना बजह तूभी मर जाएगी नहीं छोड़ूंगी
पति अकेले, भले ही मैं मर जाऊं
मौत के डर से, क्या कर्तव्य विमुख हो जाऊं?
हालत बिगड़ गई पति की, पति मौत से हार गए
भाई बंधु और कुटुंब कबीला, संस्कार से मुकर गए
मृत शरीर के संस्कार को, अग्नि दान को नहीं गए
देख स्थिति प्रशासन ने, अंतिम संस्कार की ठानी
पर उस साहसी पत्नी ने, स्वयं संस्कार करने की ठानी
कंधा दिया उसने अर्थी को, रसमें सभी निभाईं
अग्नि दान दिया पति को, श्मशान में अंतिम विदाई
अंतिम सांस तक बिना डरे, सेवा की रीत निभाई
लावारिस ना छोड़ा पति को, धन्य धन्य हे माई
दरवाजे की चौखट तक, पत्नी साथ निभाती है
आज तोड़ दिए भ्रम सारे, पत्नी सात जन्मों तक साथ निभाती है श्मशान घाट
तक जाती है, अग्नि दान कर आती है
मौका पड़ने पर पत्नी यमराज से भी लड़ जाती है
सेवा साहस करुणा को, हम प्रणाम करते हैं
धन्य है हे भारत की नारी, हम सम्मान प्रकट करते हैं

कोरोना लोकगीत

प्रीतम श्रावस्तवी (श्रावस्ती, उ०प्र०)

पिचिक जाई नकुना, अउ छोट होई आँखी
हाय रे ई कोरोना कुछ, राखिस नाहि बाकी।।
हाय रे०---

1-
बैला यस मुँह मा लगाय दिहिस जाबा
घर का जिहेल किहिस कासी औ काबा
आवा-जाही बंद किहिस, अब केहका ताकी
हाय रे कोरोना ०—-

2-
कउनौ त्योहार नाही, मूँड़न न शादी
ज्यादा परेशान नौकी आबादी
चिरई यस पिंजरा से, कब तक के झाँकी
हाय रे कोरोना ०——

3-
घरहिन मा मुर्गी, यस देत रहौ अण्डा
बहिरे जौ निकरौ, पुलिस मारै डण्डा
घरहिन मा खेलौ भैया, किरकेट औ हाकी
हाय रे कोरोना ०—-

4-
उनकै तौ कुछ ना, रकम जेहके मोटी
लेकिन गरिबवन कै, बंद रोजी रोटी
प्रीतम कोरोना कै, मरि जाये काकी
हाय रे कोरोना ०—-

बचो कोरोना से

कमलेश गोयत (जींद)

मुंह पे मास्क रहियो भाई बंद मकान में।
कोरोना दुष्ट ने पैर फैलाए हैं जहान में।।

ठीकरी पहरे दिन रात गाँव और शहर में।
सन्नाटा सड़कों पे खामोशी खेत खलिहान में।।

सरकार ने की प्रार्थना रखो ख्याल अपना।
जनता की कदमताल जरुरी इस अभियान में।।

हाथ जोड़ करो नमस्ते बात अपने संस्कारों की।
कई सनातन बाथ और भी आई पहचान में।।

नेता अभिनेता तक कोरोना की भेंट चढ़े।
अंतिम यात्रा हुई अजब से परिधान में।।

दो गज की दूरी बहुत जरूरी आम जन समझो।
फोन में भी संदेश यही पूरे हिंदुस्तान में।।

कोरोना काल

आर. एस. 'प्रीतम'

साँस रोकले जकड़ फेफड़े, रोग संक्रमण का आया।
कोरोना नाम वायरस का, घातक सबने बतलाया।
दवा नहीं है हवा यही है, साँसों से बढ़ता जाए;
चीन देश से आया भारत, गाँव शहर को दहलाया।
घूम रहा जग कोने-कोने, दुनिया दहशत में सारी।
देख सोच हैरान सभी हैं, मौत बाँटती बीमारी।
तालाबंदी हुई देश में, घर में लोग हुए क़ैदी;
रोज़गार भी छीन लिए दे, भूख ग़रीबी लाचारी।
बच्चों की छीन पढ़ाई को, रहा डराता कोरोना।
कमज़ोर अर्थव्यवस्था की, पड़ा देश को कुछ खोना।
होगा कोरोना को-रोना, कई वर्ष विपदा ढ़ोना,
कोरोना का काल रहेगा, मुश्क़िल इतिहास मिटोना।
वैक्सीन मास्क़ दो ग़ज दूरी, बचने को अभी ज़रूरी।
जाति धर्म का नहीं हितैषी, शत्रु जाति मानव पूरी।
लिए बुराई अच्छाई भी, यही सीख कोरोना की;
नैतिकता का पाठ पढ़ाया, जोड़ी है सीख अधूरी।
स्वच्छ वायु जल थल हैं पाएँ, सोचो समझो गर मानो।
भाव निकल सहयोगी आए, मानवता जीती जानो।
धार्मिक आडंबर झूठे हैं, ख़ुद की रक्षा ख़ुद करना;
पैग़ाम नूर का कोरोना, संदेश सही पहचानो।
डर में संस्कारी हो जाते, सबसे हैं प्रीत निभाते।
दान करें हम मान करें हम, सेवा धर्म निभाते।
माने कहना जाने रहना, रिश्ते-नाते सब सीखें;
कोरोना काल कहे 'प्रीतम', सबको बात मुस्कुराते।

कोरोना एक सीख

पूजा सिंह

अमर कोई नही इसका हमको पूरा ज्ञान था।
पर हाँ अपनी हर एक बात पे हमको गुमान था।
बंगला, गाड़ी, जहाज से कम में हम कहाँ संतुष्ट थे?
कामयाबी की चकाचौंध से बन गए हम धृतराष्ट्र थे।
जानवर पंछी सब मनोरंजन के साधन थे।
धरती पर अपना एकमेव राज मानने वाले इंसा ही तो थे।
कोरोना का ऐसा प्रकोप आया।
इंसा पिंजड़े में और पंछी ने खुला आसमान पाया।
प्रकृति निखरने लगी और पंछी चहचहाने लगे।
यह देख पिंजडे में बंद इंसा ये सोचने लगे।
अपने ही हाथों हमने इस सुंदर प्रकृति को तोड़ा है।
सीमीत कर दी जल की धारा और पारितंत्र को छेड़ा है।
अपने ही हाथों हमने अपनों की श्मशान बना डाली।
इस बीमारी के चलते तो अपनों की राख भी ना मिल पानी।
रोते रोते साल बीत गया, अब भी वही कहानी है।
ईश्वर हमको माफ करे, अपनी गलती हमने मानी है।

कोरोना का प्रकोप

सुवर्णा परतानी (हैदराबाद)

आज विपदा आ पड़ी है, मृत्यु का फैला जाल।
त्रस्त सारे लोग अब हैं, काल ने पलटी चाल।
बंध जाए साँस सारी, होय जीवन दुश्वार।
दी प्रकृति ने आज शिक्षा, बच न पाये संसार।।१।।

है करे कोई भरे सब, था पड़ोसी का वार।
वो अमानुष बन गया था, अरु करीं हद सब पार।
साँप, चमगादड़, छछूंदर, ये इन्हीं के आहार।
ईश भी नाराज़ आज तो, ये नहीं था स्वीकार।।२।।

देख कोरोना बढ़ा है, जो बिगाड़े हालात।
पार ये अवरोध कर के, फैलता ये दिन रात।
जल्द कोरोना मिटेगा, हो कभी ये लाचार।
ध्यान रखना बात का यह, अब नहीं हो विस्तार।।३।।

आपसी दूरी रखें अब, लीजिये मुख रूमाल।
इक कदम घर से न बाहर, तब थमेगा भूचाल।
धैर्य संयम नित्य रखिये, थामना हो आसान।
कुछ दिनों की बात है बस, फिर खिलेगी मुस्कान।।४।।

कोरोना - इंतजार

शशिकला व्यास

इंतजार की ये घड़ी, देहलीज जो पार की,
घिरोगे फिर रोग से आफत आ जायेगी।
आफत कोरोना आई, ये दुनिया बदल गई,
चारों ओर घिर गए, खुद को बचाईये।
कोहराम मचा हुआ, बंद क्यों शहर हुआ,
मानव घर में कैद हुआ, समय बिताइए।
समय ये अजीब आया, विश्व में संकट छाया,
अरे लोगों को समझाना है, फर्ज तो निभाइए।
स्कूल कालेज बंद है, मंदिर के पट भी बंद हैं,
अंतर्मन में ज्योति जगा हिम्मत बंधायेगी।
डॉक्टर, पुलिस, सफ़ाई कर्मियों,
करते हम सबकी सेवा,
आभार व्यक्त करें, जिंदगी बचायेगी।
सच का सामना करें, नित नए काम करें,
प्रभु सुमिरन करें शक्ति आ जायेगी।
हार हो या जीत हो, जीवन सुरक्षित हो,
दृढ़ संकल्प से, उम्मीद जगायेगी।
संकट की ये घड़ी आई, थोडा इतंजार करें,
मन में धीरज धरें थोडा सा मुस्कराइए।
जिसे जीना आ गया अपना फर्ज निभा गया,
लक्ष्मण रेखा खींचकर जीवन को बचाईये।

कोरोना का शहर

संजय कुमार "सनेही" (आजमगढ़, उत्तर प्रदेश)

चीन के बुहान शहर से
निकलती हुई करूण आवाज़
विश्व के कोने कोने में
हो गया कोरोना आगाज़।।1।।

फिर क्या था देखते-देखते
गाँव गली मुहल्लो में
दहशत फैली चारो तरफ
उठी आवाज़ जोरो में।।2।।

ट्रेन हवाई जहाज सब
बाधित कर दिया
मैं हूँ बलवान यह
साबित कर दिया।।3।।

रात के अंधियारों से
शहरों के गलियारों से
खेत और खलिहानों से
खेल के मैदानों से।।4।।

चारो तरफ आवाज़ एक है
रोग एक इलाज़ अनेक है
महामारी फैली विश्व भर में
विषाणु एक मरीज अनेक है।।5।।

कोरोना बिमारी नहीं महामारी

अनिल प्रसाद सिन्हा 'मधुकर' (जमशेदपुर, झारखण्ड)

जानें ये कोई भयंकर बिमारी है, या कोई रूष्ट होती दैवीय माया है,
चीन के वुहान शहर से आई ये महामारी, या कोई काली छाया है।
सम्पूर्ण विश्व में इसका कहर जारी है, हर तरफ बस रोना ही रोना है,
सुरसा की तरह ज़िंदगियों को लीलती, ये वैश्विक बिमारी कोरोना है।

सचमुच ये महामारी जो सबको, ज़िन्दगी से जंग करना सिखाती है,
मास्क लगाना, प्रक्षालक इस्तेमाल, सामाजिक दूरियाँ बतलाती है।
पाश्चातय संस्कृति को ही अपनाकर हम, कोरोना को दावत दे रहे हैं,
भारतीय सभ्यता, संस्कृति, संस्कार, प्रणिपात करना हमें सिखाती है।

स्वास्थ्य और प्रशासनिक कर्मी सभी, अपने अपने फर्ज निभाते हैं,
अपनी जान की परवाह नहीं करते हुए, हम सबकी जान बचाते हैं।
पर कुछ उपद्रवियों के आँखों का पानी, सूखकर बेहया हो गया है,
ये देशद्रोही अराजक तत्व, इन कर्मवीरों को पत्थर मार भगाते हैं।

अपनें जीवन में हमें हरपल सजग रहना है, ना डरना ना घबराना है,
थोड़ी सी एहतियात बरतकर, इस बिमारी को जड़ से मिटाना है।
कोरोना योद्धाओं, स्वास्थ्य कर्मियों, सजग प्रहरियों का कर सम्मान,
हमें अपने साथी घर, परिवार, समाज, और देश को भी बचाना है।

ऐसे ही रणधीरों, निगहबानों से, आज खिल रहा हमारा चमन है,
हे भारत के वीर सपूतों, सभी देशवासियों की ओर से तुझे नमन है।

हताश कोरोना

मो• एहतेशाम अहमद (अण्डाल, पश्चिम बंगाल)

कोरोना हूँ।! हाँ मैं कोरोना हूँ!
छोड़ा नहीं जग का कोई कोना हूँ।

ख़ूब हुड़दंग मचाया हर जगह।
जान लिया सब की बिलावजह।

क़यामत कह लोग मुझे है बुलाते।
मेरा नाम ले कर बच्चों को सुलाते।

डर से मेरे सब हो गये हैं घरबन्द।
इबादत के भी हो गये हैं पाबन्द।

अब नहीं चल रहा है मेरा वो ज़ोर।
कड़ी तोड़ मुझे कर दिये कमज़ोर।

साँसें मेरी अब मेरा साथ छोड़ रही।
पुष्ट कमर देखो अब मेरा ये तोड़ रही।

सोच कर ये मुझे लगता है बहुत बुरा।
ख़्वाब तबाही का अब कैसे होगा पूरा?

मेरी आख़िरी साँसें हैं इंतेज़ार में तुम्हारी।
मुझे दूसरा इंसान चाहिये अब की बारी।

अब छोड़ भी दो अपना तुम ये घरवास।
आँखे बंद हो रही हैं, हो गया हूँ हताश।

कोरोना- सबक जीवन का

पल्लवी रानी (कल्याण, महाराष्ट्र)

कोरोना का हुआ आगमन;
सकल विश्व में पसरा क्रंदन
समय- चक्र ने क्या रूप धरा!
क्यूँ जहरीली हो गयी हवा!?
हल इसका बतलाये कौन
क्या धरती का है मुखरित मौन!?
सोचो-सोचो कुछ ध्यान धरो,
हैं बंद नयन अब तो खोलो!
तेरा-मेरा और अपना-पराया,
जब तक जीवन बस यही गीत गाया!
समय- चक्र का देखो वार;
अपनों से अपने दूर हुए,
अब दूरी में ही छुपी भलाई!
वसुंधरा की वो करूण पुकार
की अनसुनी तुम्हें दया ना आयी!?
पिंजरे में पंछी बंद रखते हो
अपने मन को बहलाने को!
अब कैद तुम्हारा जीवन है
सम्मान करो हर जननी का;
हो माँ चाहे धरती- माता।
है क्रूर कोरोना आया ये
कटु सत्य समझाने को।।

कोरोना

काजल चौधरी (कानपुर, उत्तर प्रदेश)

समय थमा,
विकास थमा,
सूक्ष्म वुहनी,
कोरोना वायरस –
प्रकोप से!
बंदी-
बेरोज़गारी-
मौत –
का बाज़ार बढ़ा!
सरक्षा में भागते
पैरों में छाले पड़े
मौत के खौफ से
कुछ बर्बाद
कुछ मालदार बने!
लॉकडॉउन हुआ-
घर जेल हुए
दूरियां बढ़ी!
जल, थल, आकाश
किन्तु स्वच्छ हुए
परिंदे चौपाई
प्रसन्न हुए!

मार भगाओ कोरोना

अरशद रसूल

जग में मचा हुआ है रोना धोना
मिलकर मार भगाओ ये कोरोना
छोटा बच्चा है या कोई बड़ा है
हर शख्स कैद घर में ही पड़ा है
छाया यही एक खौफ चारों ओर
टूट न जाए कहीं ये जीवन डोर
मुश्किल में होश नहीं अपने खोना
मिलकर मार भगाओ ये कोरोना
किताबों से यही सदा सीखा ज्ञान
सफाई का हमको रखना है ध्यान
साफ रखोगे अगर अपना परिवेश
निश्चित स्वस्थ रहेगा अपना देश
जीवन से हाथ नहिं पड़ेगा धोना
मिलकर मार भगाओ ये कोरोना
गर जरूरी हो तभी बाहर जाना
इतनी बात सभी को तुम समझाना
धीरज रखकर काम चलाना होगा
इस मुहिम में सभी को आना होगा
छोड़ो जी, अपनी किस्मत को रोना
मिलकर मार भगाओ ये कोरोना
सर पर डोलता मौत का साया है
यह नासूर तो चीन से आया है
आई आज कितनी मुश्किल घड़ी है
जान सबकी ही आफत में पड़ी है
रहो सतर्क छोड़कर रोना धोना
मिलकर मार भगाओ ये कोरोना

कोरोना को हराने चला ये तेरा पापा

कुमार अशोक

कोरोना को हराने चला ये तेरा पापा
ज्ञान नया बताने चला ये तेरा पापा
छोड़ चला मेरी जां तो तुम रोना मत
सन्सार को बचाने चला ये तेरा पापा
मन को महसूस होगी तेरी कमी पर
कर्तव्य को निभाने चला ये तेरा पापा
मुँह पर मास्क बान्धे रहना घर मे तुम
यही बात को बताने चला ये तेरा पापा
सर माता का झुकने नहीं देना हमकों
लाज देश की बचाने चला ये तेरा पापा
लाशें ना बिछाए अदृश्य दुश्मन यहाँ पे
लोकडाउन करवाने चला ये तेरा पापा
दूरी बना रखना मुझसे बात करते हुए
दिल को ये समझाने चला ये तेरा पापा
हाथ पैर मुँह को धोते रहना घर मे तुम
वहाँ सनेटाइज कराने चला ये तेरा पापा
मत करना परेशान बाहर जाने को तुम
आज तुझे आजमाने चला ये तेरा पापा
पहले खुद अपने घर को सुरक्षित कर के
फिर दुश्मन को मिटाने चला ये तेरा पापा
जो शपथ खाई भारत माँ की आज मैने है
कर्ज दूध का चुकाने को चला ये तेरा पापा

कोरोना काल

कपिल खंडेलवाल कलश (कोटा, राजस्थान)

कुछ आराम करना सीख गये
कुछ काम करना सीख गये
कुछ पैदल चलना सीख गये
कुछ पैसे बचाना सीख गये
कुछ पैसे उड़ाना सीख गये
कुछ खाना बनाना सीख गये
कुछ मदद करना सीख गये
कुछ दान करना सीख गये
कुछ घर पर रहना सीख गये
कुछ वजन बढ़ाना सीख गये
कुछ वजन घटाना सीख गये
मोबाईल से पढ़ना सीख गये
मिल-जुल रहना सीख गये
ऑनलाइन व्यापार सीख गये
ऑनलाइन टीचिंग सीख गये
कोरोना बहुत कुछ ले गया
पर बहुत कुछ सीखा दिया।

कुछ दिन घरों में

अनिल कुमार 'राही' (मुम्बई, महाराष्ट्र)

चलो यार कुछ दिन रहें हम घरों में।
कि मस्ती ठिठोली करें हम घरों में।।

मिला है बहाना कि रूठें मनायें।
नज़र बच्चों पर भी रखें हम घरों में।।

करें काम घर का सफाई भी थोडा।
उन्हें कुछ अलग तो दिखें हम घरों में।।

संवारा है घर प्यार से और हमको।
कभी ध्यान उनका धरें हम घरों में।।

चलो साथ मिल हाथ थोडा बटायें।
उन्हें थोडा आराम दें हम घरों में।।

करो योग घर में कि अब ध्यान से हम।
हवन पाठ पूजा करें हम घरों में।।

नज़र की है दूरी मगर दिल में हैं हम।
कोरोना,,,,,, से 'राही' बचें हम घरों में।।

कोरोना को मात

सुरेन्द्रपाल वैद्य (मण्डी, हिमाचल प्रदेश)

रोजी रोटी की तलाश में, दूर दूर तक जाते लोग।
कष्ट सभी सहकर जी लेते, रूखी सूखी खाते लोग।

रोग मुसीबत बनकर आया, घेर लिया सबको मँझधार।
लाईलाज कोरोना जालिम, अपनी जान गँवाते लोग।

घर अपना अच्छा है सबसे, देंगे कोरोना को मात।
रूखी सूखी रोटी खाकर, आशा दीप जलाते लोग।

मास्क लगाना बहुत जरूरी, और फासला रखना बीच।
समझ बूझ का परिचय देते, नियम सभी अपनाते लोग।

घर की याद हमेशा आती, जब भी हो संकट में प्राण।
जन्मभूमि ही गले लगाती, यही समझ तब पाते लोग।

कोरोना का रोग भयावह, सभी जगह है फैला खूब।
लाक डाउन की इस अवधि में, मुश्किल प्राण बचाते लोग।

घर जाना है बहुत जरूरी, साधन जो भी हो उपलब्ध।
मीलों पैदल चलकर भी हैं, भारी कष्ट उठाते लोग।

कठिन बहुत है जीवन यापन, लेकिन समझेगा यह कौन।
अनगिन दुविधा की स्थितियों में, आंसू आज बहाते लोग।

क़ातिल कोरोना का देखो, बढ़ा जा रहा है जब शोर।
गांव और खेती को फिर से, आकर गले लगाते लोग।

कुछ दिन की है बात, सभी जन घर में रह लो।

प. बृजेश कुमार नायक

कुछ दिन की है बात सभी जन घर में रह लो।
तू-तू मैं-मैं त्याग राष्ट्र-हित में यह सह लो।

कोरोना की हार हेतु सबको लड़ना है।
जीवनहित-सद्ज्ञान पकड़ कर के बढ़ना है।
सफल राष्ट्र-सेवा के फन को कुछ तो गह लो।
कुछ दिन की है बात सभी जन घर में रह लो।

मास्क पहनिए, साबुन से निज हाथ धोइए।
घर के बाहर नहीं किसी के पास सोइए।
दो गज की दूरी रखने का शुभ दुख सह लो।
कुछ दिन की है बात सभी जन घर में रह लो।

राष्ट्र-धरम से बड़ा न कोई धरम मिला है।
स्वस्थ-निरोगी जन हों ऊँचा करम मिला है।
जागो, संयम को गहकर के मन की तह लो।
कुछ दिन की है बात सभी जन घर में रह लो।

कोरोना

सुशील कुमार सिहाग "रानू" (हनुमानगढ़, राजस्थान)

इक अजब दुविधा है कोरोना...
जीवन को दहशत में संजोना...
रहकर यूं दूर, एकांत भाव से,
खुद के दिल का झांके कोना...
बाहर भीतर, बस एक ही डर,
क्या था पाना, क्या है खोना...
अपनी सीमा, अपना घरोंदा,
जिंदगी हो जैसे एक खिलौना...
पीर मिटे इस जग के जन की,
प्रभु ऐसा करो कोई जादू टोना...
इक अजब दुविधा है कोरोना...
जीवन को दहशत में संजोना...

ये कोरोना हार जाएगा

डा० निधि श्रीवास्तव "सरोद" (ग्रेटर नोएडा)

दबे पांव गुजर जाएगा,
ये कोरोना हार जाएगा।
सुनो रस होते है नौ,
ये दसवां रस है वाय,
ये किसी को ना भाय,
कल हाथ मसलता,
यूं ही रह जाएगा,
ये कोरोना हार जाएगा।
फिर चलेंगे मौज करने,
गोलगप्पे और हाट करने,
नौनिहाल भी खेलेंगे,
मस्ती में झूमेंगे,
ये वायरस भी रोएगा,
दिन हमारा जब आएगा,
ये कोरोना हार जाएगा।
सारे रस जीवन के भूले,
बस एक वायरस में ही डोले,
फिर नौ रस आएगा,
जीवन झूम झूम जाएगा,
ये कोरोना हार जाएगा...
ये कोरोना हार जाएगा...

कोरोना

रमेश कुमार सिंह रुद्र (कान्हपुर कर्मनाशा कैमूर, बिहार)

रुप विकराल कर, महामारी आ गई है,
दिशाओं में अपना वो, तांडव मचा रही।
आम-जन-खास-तक, नहीं पहचान रही,
अपनी ऊंगली पर, सभी को नचा रही।
खांसी साथ सर्दी लिए, दर्द व बुखार लिए,
संक्रमित रुप ऐसी, हवा वो चला रही।
दूरी बनाकर रहें, एक-दूसरे से सभी,
तभी-तय-बच-पाना, यही वो बता रही॥

कोरोना से रोना नहीं, सामना करेंगे सभी,
हौसला बुलंद कर, सभी जन लड़ना।
सामाजिक दूरी बना, घर बाजार रहेंगे,
जनहित सोच रख, दुआ सब करना।
बारम्बार हाथ धोंवे, साबून सेनेटाइजर,
घरपर रखकर, अच्छाई से रहना।
लाक डाउन न तोड़ें, कोई साहस न छोड़ें,
अपने आस-पास में, दम-जोश भरना।

कोरोना ने पैर पसारे

डॉ. रीता सिंह (सम्भल, उत्तर प्रदेश)

कोरोना ने पैर पसारे, घर में रहना मुन्ना प्यारे
दादी दादा संग खेलना, खेल नये पुराने न्यारे।।

योग ध्यान से जीवन जीना, डाल हल्दी दूध है पीना।
तुलसी अदरक और मुनक्का, काढ़ा इनका लेना मीना।
स्याह मिर्च और दाल चीनी, रोग डरेंगे इनसे सारे।।

सब जीवों की सुध है लेना, चिड़िया को है दाना देना।
देना गैया को भी चारा, जब तक उसका पेट भरे ना।
कौआ कूकर माँगें रोटी, घूम रहे भूखे बेचारे।।

पढ़ना पुस्तक सभी पुरानी, पूर्वजों की सत्य कहानी।
चलना आदर्शों पर उनके, जीवन जिनका अमिट निशानी।
सूरज जैसी राह दिखाते, तम से कभी नहीं वे हारे।।

परिवर्तन

पूनम झा (कोटा, राजस्थान)

आज ऐसे कैसे दिन हो गए,
कि हम शब्द विहीन हो गए,

समझाने के तरीके बदल गए,
लापरवाह भी अब संभल गए,

बच्चों को साथ रहना हम सिखाते थे,
आज दूर दूर रहना हम सिखा रहे हैं,

बाहर खेलना कभी सिखाते थे,
घर में रहना आज सिखा रहे हैं,

मोबाइल कंप्यूटर से दूर रखते थे,
आज उसी पर शिक्षा दिला रहे हैं,

साथ उठना-बैठना, खाना सिखाते थे,
आज अकेले कैसे रहना ये बता रहे हैं,

खुलकर हंसा करो कभी कहा करते थे,
मुंह ढककर हंसो आज समझा रहे हैं,

अपनों के करीब रहा करो कहा करते थे,
दूरी बना कर रहा करो ये समझा रहे हैं,

परिवर्तन ही परिवर्तन हुआ है संसार में
गले मिलते थे जहाँ, हाथ भी नहीं मिला रहे हैं।

कोरोना गजब ढा गया तू

के. आर. परमाल 'मयंक'

ओ कोरोना ओ कोरोना, गजब ढा गया तू,
सोचा था न कभी किसी ने, जगत छा गया तू!
चला चाइना चाल चुलबुली,
मची विश्व में अजब खलबली!
हर देश जगा गया तू...!
ईराक-ईरान-कुवैत-गुयाना,
समुद्र पार या सिंधु मुआना!
प्राण खा गया तू...!
रूस-अमेरिका-भारत-इटली,
सबकी कँपा गया तू पिंडली!
कहर ढा गया तू...!
हालत देख अब हो गई खस्ता,
सबकी बिगड़ गई अर्थव्यवस्था!
सुख-चैन ले गया तू....!
दो गज दूरी मास्क लगाना,
दूर नमस्ते न हाथ मिलाना!
जन-जन को सिखा गया तू..!
बहुत हुआ तुम जल्दी जाओ,
अब दुनिया को और न सताओ!
'मयंक' कह रहा यूँ ...!

यही कोरोना का तोड़ हैं

जेपी लववंशी (हरदा, म.प्र.)

सूनी सूनी रोड़ है।
सूना सूना मोड़ है।
सब कह रहे है,
यही कोरोना का तोड़ है।।
घर में रहो डटे।
लोगो से रहो कटे।
सब कह रहे है,
तभी कोरोना हटे।।
नित नित हाथ धोए।
मास्क सदा लगाए।
सब कह रहे,
तभी कोरोना जाए।।
सब जन जागे।
मिलकर आए आगे।
सब कह रहे,
तभी कोरोना भागे।।
सह लो थोड़े- थोड़े कष्ट।
हो लो थोड़ा -थोड़ा रुष्ट।
सब कह रहे,
तब ही होगा कोरोना नष्ट।।
यही संघर्ष रखो जारी।
बनकर तुम आज्ञाकारी।
सब कह रहे,
कोरोना का भागना जारी।।

जान है तो जहान है....

सीमा अग्रवाल (मुरादाबाद, उ.प्र.)

न सँभले हैं हालात अभी और कुछ दिन घर में रहो
ख्याल रखो अपना-अपनों का न बीच शहर में रहो

संयम से रह किसी तरह ये मुश्किल दिन बिता लो
रहो सुकून से घर में दो रोटी सुकून की खा लो
प्राण हथेली पर ले अपने निकलो न जबरन बाहर
एकांतवास करो निज घर में आई विपद् को टालो

मंडरा रहा है काल देखो दुनिया ही समूची लीलने
ए परिंदों! इल्तिज़ा ये तुमसे तुम भी शज़र में रहो

जीविका हित दूर रह प्राण कलपते रहे जिनके लिए
आज नसीब से पल मिले ये जी लो इन्हें उनके लिए
जान है तो जहान है वरना जग ही सारा मसान है
रहें मिल सब घर में अपने हितकर यही सबके लिए

गिले-शिकवे रह न जाएँ पल ऐसे फिर आएँ न आएँ
अपने रहें नज़रों में तुम्हारी तुम उनकी नज़र में रहो

जान के घाटे से बेहतर अर्थ-व्यापार में घाटा सह लो
जीभर सुनो व्यथा अपनों की जीभर अपनी कह लो
कठिन घड़ी है कठिन चुनौती करो सामना हिम्मत से
कुदरत की सौगात समझ नेह-पिंजर में अपने रह लो

न जोश-ए-वहशत में रहो न ग़म-ए-दहर में रहो
ए गज़ल! तुम भी कुछ दिन बंद अपनी बहर में रहो

कोरोना

रूपेश श्रीवास्तव 'काफ़िर' (लखनऊ, उ०प्र०)

जीवन चल रहा था अपनी रफ़्तार से,
धरती कराह रही थी दोहन की मार से,
पशु-पक्षी भयभीत थे आदमियों के भरमार से,
अब तो बस उम्मीद बची थी परवरदिगार से,
दुनिया का हाल देखकर रोना आ गया
हम सबको पाठ पढ़ाने 'कोरोना' आ गया।

आदमी को आदमी से जुदा कर दिया,
घर में सभी को कैद करके परदा कर दिया,
छोटे से वायरस ने हक अदा कर दिया,
आदमी को उसकी करतूत पे शर्मिंदा कर दिया,
बच्चे-बच्चे को अब हाथ धोना आ गया,
हम सबको पाठ पढ़ाने 'कोरोना' आ गया।

परिवार के सदस्य अब नज़र आने लगे,
खुदगर्जों के होश जब ठिकाने लगे,
आसमान में पक्षी फिर मडराने लगे,
जानवर भी बस्तियों में आने-जाने लगे,
दिल पसीजना पलके भिगोना आ गया,
हम सबको पाठ पढ़ाने 'कोरोना' आ गया।

कोरोना विषाणु का आतंक

निहाल छीपा "नवल" (गाडरवारा, नरसिंहपुर, मध्यप्रदेश)

दुनिया भर में फैल रहा कोरोना विषाणु का आतंक
संचरित होकर कर रहा मानव जाति का अन्त

दुनिया भर के वैज्ञानिक खोज रहे वैक्सीन
अपने देश की खोज खबर क्यों छिपा रहा है चीन

हर दिवस हर समय बढ रहा संक्रमण
कोरोना कर रहा है मानव का भक्षण

खाँसी छींक और छूत से फैल रहा यह रोग
स्वयं को घर क्वारन्टीन करें रूक सकता है रोग

कोरोना को रोकिये करिये घर में टास्क
बाहर जाये तो रखे अपने मुख पर मास्क

हर दिवस लक्षण में बदल रहा कोरोना रंग
मात देने के लिए रखिए सैनेटाइजर संग

एक मीटर की दूरी से करिये सबसे बात
सावधानी ये जरा सी देगी कोरोना को मात

कोरोना ने जीना सीखा दिया

कविता राणा (उज्जैन, मध्यप्रदेश)

अहमियत पता ना थी "प्रकृति" की
हम लोगों को प्रकृति को माँ मानना सिखाया,

जिन "मजदूरों" को हम जानते नहीं थे
उनके हमारे बीच होने का अहसास कराया,

लॉकडाउन में हवा हुई इतनी साफ की
"जालंधर" से हिमालय तक को दिखा दिया,

घर में रह कर हम सब को
एक "ग्रहणी" की अहमियत क्या बता दिया,

कभी ताली-थाली तो कभी दीयों से
हमारी एकता को हमारी "हिम्मत" बना दिया,

हमें साफ-सफाई और मास्क-सैनिटाइजर
इन सब की "जरूरत" क्या यह सीखा दिया,

कहीं ना कहीं हमें इस कोरोना ने
"जीना सीखा दिया"

कोरोना वारियर्स

अशोक छाबडा (गुरूग्राम)

'कोरोना' को मार भगाने डटकर खडे हैं सीना ताने,
भारत माँ के लाल 'कोरोना वारियर्स-2'।

सुना कभी था बचपन में ये होते भगवन का रूप,
छाया जग को देते हरदम सहकर तपती धूप।
स्वस्थ देख सभी को होता इन्हें है हरष—-

वैध डाक्टर नर्स हैल्पर सब इसमें आ जाते,
चौबीस घंटे ड्यूटी करके घर भी न जा पाते।
खाना पानी छूट है जाता आता हमें है तरस–

सच्चे सेवक मानवता के विषाणुओं से जीते हरदम,
'कोरोना' मुक्त करेंगे भारत को हमें न कोई गम।
स्वस्थ देश अपने के हम जल्दी ही करेंगे दरस–

किन शब्दों में धन्यवाद करूं इनका हैं कम पड जाते,
खुश रहें ये और परिवार इनका दुआ हम हैं मांगते।
सोच सोच इनके बारे में अंखिया जाती बरस—

कोरोना की हार

मुकेश कुमार (गुरुग्राम, हरियाणा)

अकल्पनीय चित्र है,
स्थिति विचित्र है।
सब कुछ स्थिर है,
भविष्य अनिश्चित है।
अनश्वर नहीं नश्वर है,
भले समस्या विस्तृत है।
यह परीक्षा का पल है,
आज धैर्य तो ही कल है।
किसने देखा स्वर्ग,
यह सब स्वप्न है।
निज घर विश्राम ही,
अपनो की खुशी, परमधाम है।
प्रधान प्रार्थना निस्वार्थ है,
स्वस्थ भारत की आस है।
पालन करे, प्रार्थना का,
तो फिर "कोरोना की हार" है।

कोरोना

ममता रानी (दुमका, झारखंड)

कोरोना ने ऐसा है जाल बिछाया
सबकी जिंदगी को बेबस बनाया
एक दूसरे से मिलने को रोक लगाया
साथ में कितने शहरों को लॉकडाउन कराया
स्वास्थ्य कर्मियों ने ऐसा कदम उठाया
सबके दिलों में अपना जगह बनाया
जनता कर्फ्यू पर लोगों ने खूब एकजुटता दिखाया
सरकार द्वारा उठाये गए कदम को सफल बनाया
बचने कोरोना से घर को सुरक्षित जगह बनाया
घर पर रहकर अपनी जान बचाने को बताया
ये अँधियारा भी छट जाएगा उम्मीद का दीप जलाया
होगा एक दिन सबकुछ ठीक ये आस मन में जगाया

सारा जीवन व्यर्थ हो गया, अभी आर्थिक मंदी में

डॉ० प्रवीण कुमार श्रीवास्तव "प्रेम" (सीतापुर, उत्तर प्रदेश)

सारा जीवन व्यर्थ हो गया, अभी आर्थिक मंदी में।
भूख प्यास हो गयी पराई, इसी आर्थिक बंदी में।

धूप छांव का होश नहीं अब, कोरोना से लड़ना है।
जीवन धर्म यही कहता है, कोरोना से बचना है।

बाल युवा मातायें वृद्धा, संकट में इस तंगी में।
भूख प्यास हो गई परायी, इसी आर्थिक बंदी में।

राहों पर अब निकल पड़े हैं, उन्हें शहर में जाना है।
चलते जाना है मीलों तक, गाँव पुनः फिर आना है।

धर्म-कर्म सब छूट गये हैं, ऐसी नाका बंदी में।
भूख प्यास हो गई परायी, इसी आर्थिक बंदी में।

सारा जीवन व्यर्थ हो गया, अभी आर्थिक मंदी मे।
भूख प्यास हो गई परायी, इसी आर्थिक बंदी में।

कोरोना तुम कब जाओगे

मो. अज़ीम "अर्श" (पीलीभीत, उत्तर प्रदेश)

मुश्किल में जान है हर शख्स परेशान है
मुंह पे लगे है ढक्कन सांस लेना कहां आसान है

इस घोर संकट से मुक्ति कब दिलाओगे
बस एक ही प्रश्न है कोरोना तुम कब जाओगे

रिश्ते नाते खंड खंड हैं काम धंधे सब बंद हैं
छीन ली आजादी हमसे ज़िन्दगी जैसे नजरबंद है

हमारे पैरों में पड़ी ये बेड़ियां कब हटाओगे
बस एक ही प्रश्न है कोरोना तुम कब जाओगे

ना इलाज कोई निश्चित है ना कोई दवा अभी सुनिश्चित है
इस ग्लोबल महामारी से सारी दुनिया चिंतित है

अस्त व्यस्त जनजीवन को फिर पटरी पर कब लाओगे
बस एक ही प्रश्न है कोरोना तुम कब जाओगे

निजी, सरकारी और धार्मिक सभी समारोह स्थगित हुए
दुनियादारी के सब कर्मकांड कोरोना से प्रभावित हुए है

सार्वजनिक स्थानों पर लगे ये ताले कब खुलवाओगे
बस एक ही प्रश्न है कोरोना तुम कब जाओगे

शिक्षा जैसे राह भटक गई कितनी परीक्षाएं लटक गई
थमे वाहनों और कारखानों के पहिए अर्थव्यवस्था अटक गई

उजड़ रहे इस चमन में फिर से बहार कब लौटाओगे
बस एक ही प्रश्न है "अर्श" कोरोना तुम कब जाओगे

कोविड काल कुशलता

दया राम (ग्रेटर नोयडा, उ. प्र.)

हाल क्या है अभी, कैसे बतलाये हम
नाश कोवीड का हो, इन्तज़ार है अब
स्वजनों की लम्बी जुदाई की चुभन
तड़फा रही दिन – प्रतिदिन अब
सांत्वना देते एक दूजे को, कह रहे हैं हम
ठीक तबीयत हमारी, पर तड़फते हैं हम
एक दूजे बिना क्या जीते हैं हम
दूर रह कर दुआ करते हैं हम
सब सलामत रहें, रोज़ कहते हैं हम
महामारी में बिछुड़े, सदा को जो जन
उन्हे याद कर – करके रोते हैं सब
दूरभाष पर मुस्कुरा कर कहते हैं सब
ख्याल अपना तुम रखना, ठीक हैं हम
सलामत रहे तो, फिर मिलेंगे हम
यही आशा संजोए जी रहे हैं हम
प्रभु लीला मे नित नित भरमते हैं हम
हाल क्या है अभी, कैसे बतलायें हम

कोरोना

अरविन्द त्रिवेदी (महम्मदाबाद, उन्नाव, उ० प्र०)

नाव जीवन की डगमग बहे रात दिन,
भय का सागर हमेशा डराता रहा।
वेदना से ग्रसित देह देखीं सभी,
आँसुओं को मगर क्यों छिपाता रहा?
हो रहा नित मुखर कष्ट देखो जरा,
साँस लाखों की विष में यहाँ पल रहीं।
भूल की एक ने पर भुगत सब रहे,
रोज लाशें चिता पर यहाँ जल रहीं।
व्योम पर छा रहा है अँधेरा घना,
श्राप जीवन को प्रतिदिन रुलाता रहा।।
काल विध्वंस करता चला जा रहा,
अश्रु, भय के सिवा शेष कुछ भी नहीं।
शोर सिमटा पड़ा चुप्पियों में अभी,
व्याधि की मिल न पाई दवाई कहीं।
हर नगर गाँव सूना पड़ा देख ले,
दूरियाँ परिजनों में बढ़ाता रहा।।
देख परिणाम कुदरत से विद्रोह का,
मृत्यु का नित्य अनुपात बढ़ने लगा।
रोक दो प्रभु भयावह प्रलय ज्वार को,
चक्र जीवन का देखो ये थमने लगा।
श्रेष्ठता, लोभ, लालच में फँसकर सदा,
एक दूजे को मानव सताता रहा।।

कोरोना

डॉ ममता सिंह (मुरादाबाद)

आज घर में क़ैद हम ये सोचते हैं।
रौनक़े क्यों कर हैं कम ये सोचते हैं।।

इसमें है कुदरत की कोई बेहतरी ही,
थम गए जो हमक़दम ये सोचते हैं।।

हाल कैसा हो गया जग का ही सारे,
आँख है सबकी ही नम ये सोचते हैं।।

आदमी मगरूर था ताक़त पे अपनी,
हाय टूटा अब भरम ये सोचते हैं।।

दर्द सालों तक रहेगा याद सबको,
कैसे भूलेंगे अलम ये सोचते हैं।।

एक दिन हट जाएगी ग़म की ये बदली,
होगा उसका भी करम ये सोचते हैं।।

देख तांडव मौत का यूँ हर तरफ ही,
क्या लिखे *ममता* क़लम ये सोचते हैं।।

आह्वान

अंजनीत निज्जर

वैश्विक स्तर पर फैली एक बीमारी,
केवल बीमारी नही एक महामारी,
चल रही जंग अभी इस के ख़िलाफ़,
जल्द ही जीतेंगे और मुस्कुराएँगे हम,
पर सोचा है कभी क्या हम सबने?
हर चोट है सीखती इक नया ज्ञान,
इससे बचने के बाद,
आत्मविश्लेषण पर हो थोड़ा हमारा ध्यान,
क्या कर नही रहे थे प्रकृति का शोषण हम?
जिससे क्रुद्ध हुई क़ुदरत और पाया यह अभिशाप,
जिस गंगा को साफ़ करने में ख़र्च हुए,
करोड़ों रूपए और साल,
वो दो महीनों में ही हो गयी, निर्मल पाक़ताल,
प्रकृति ने भी उज्ज्वल रंग दिखाए,
एक साथ दो-दो इंद्रधनुष आसमान में नज़र आए,
क्या यह सब नही चाहिए हमको!
हमेशा के लिए साफ़, स्वच्छ, निर्मल,
तो करें मनन और आह्वान करें,
प्रदूषण कम करने का, वायु को स्वच्छ करने का,
आत्मनिर्भर बनने का,
शुद्धता को अपनाने का,
इक नया पेड़ रोज़ लगाने का,
जीव-जन्तुओं के संरक्षण और जंगलों को बचाने का,
अपना कार्य स्वयं कर, आत्मनिर्भर बन जाने का,
एक स्वच्छ और आत्मनिर्भर समाज बनाने का,
करें सब मिल के आह्वान परिवर्तन लाने का.......

साथ मिलकर कोरोना को हराएगें

पीयूष सिंह लोधी (सतना, म. प्र.)

साथ मिलकर कोरोना को हराएगें,
हाथ किसी से नहीं मिलाएगें,
घर से हम कहीं नहीं जाएगें,
सबसे दो गज दूरी बनायेगें
बार-बार अच्छे से हाथ धोएगें,
सेनेंटाइज करके देश को स्वच्छ बनाएगें,
कोरोना से हम नहीं घबराएगें,
सावधानी कर कोरोना को भगाएगें,
बचाव ही इलाज है यह समझाएगें,
राष्ट्रहित के वास्ते सब यह कदम उठाएगें।।

कोरोना मजबूत नहीं कमजोर है!!

खैमसिहं सैनी (भरतपुर, राजस्थान)

कोरोना एक महामारी है, जान गया संसारा
कोरोना से डरे तो, मिट जाए अस्तित्व हमारा
कोरोना एक महामारी...........

【1】 कितनी महामारी आयें, कितनी जायें महामारी
कोरोना से लड़ने की, सारे कर लो तैयारी
सुना है सामाजिक दूरी से, कोरोना थर्राता
मलता रहे हाथ कोरोना, भस्म स्वयं हो जाता
मिटा दो हस्ती कोरोना की, फिरे ये मारा-मारा
कोरोना एक महामारी............

【2】 कोरोना घुसपैठि ऐसा, करता छुपकर बार
साबुन, सर्फ से हाथ धो, इसकी खत्म करो तकरार
पालन करें स्वच्छता नीति, कोरोना मर जाए
भारत ही नहीं इस दुनियाँ में, कोरोना नहीं पाए
गर्म चाय, कॉफी, जल पी, मिले कोरोना छुटकारा
कोरोना एक महामारी..............

【3】 नाक, मुंह पर मास्क, लगाने से हारे कोरोना
सैनिटाइजर साथ रखें, न पड़ेगा हमको रोना
हाथ मिलाना छोड़, जोड़ हाथों को करो प्रणाम
मिलना-मिलाना बहुत हुआ, सब करें सुरक्षा काम
कोरोना से युद्ध करें सब, जीते विश्व हमारा
कोरोना एक महामारी..............

इतना घातक सा क्यूँ है कोरोना

डॉ आनन्द किशोर (दिल्ली)

क्या वबा से मची तबाही है
ख़ौफ़ है और बदहवासी है

क्या ख़बर क्या ख़बर चली आए
चैन ग़ायब है बेक़रारी है

ये वबा आदमी के द्वारा क्या
एक भेजी हुई सुनामी है

इतना घातक सा क्यूँ है कोरोना
इसको क्या दी गई सुपारी है

कोई बाहर नहीं निकल सकता
शहर भर में ये की मुनादी है

चल के आया है घर वो बाहर से
दूर होने की फिर सज़ा दी है

पर्त दर पर्त ये मरज़ चढ़ता
दाँव पर जाँ लगी हमारी है

कोई हंसता नज़र नहीं आता
सबके चेहरे पे इक उदासी है

आज 'आनन्द' ये महामारी
सामने दिख रही क़ज़ा सी है

शब्दार्थ:- वबा=महामारी/epidemic,
क़ज़ा=मृत्यु/मौत/death

कोरोना पर ग़ज़ल

नन्दकिशोर दुबे (इन्दौर)

(1)

मौत पर मौत लगातार ख़ुदा ख़ैर करे।
ये पसरता हुआ आज़ार ख़ुदा ख़ैर करे।

(2)

मौत को साथ लिये ख़ौफ़ कहर बरपाता
संग-दिल कोई गुनहगार ख़ुदा ख़ैर करे।

(3)

लाश पर लाश बिछाई है उसी ज़ालिम ने
दिल हुआ जाता है बेज़ार ख़ुदा ख़ैर करे।

(4)

छूत का रोग महामारी* विकट कोरोना
कह रहे लोग समझदार ख़ुदा ख़ैर करे।

(5)

हालिया वक़्त करारा है बहुत मारक है
जानलेवा ये करे वार ख़ुदा ख़ैर करे।

(6)

ख़्वाहिशें और ज़रा ज़ब्त किये रख दिल में
हैं ख़तरनाक ये दिन चार ख़ुदा ख़ैर करे।

(7)

वक़्त मुश्किल है अभी छू न मुझे दूरी रख
कुछ न हो जाय ख़बरदार ख़ुदा ख़ैर करे।

प्रेमगीत कोरोना

विजय "बेशर्म"

संकटकाल निकल जाए तो।
तुमको जीभर प्यार करूँगा।।

अभी तो छूने में भी डर है, मन में कोरोना का घर है।
बीतेगा तो पुनः मिलेंगे, बुरा समय तो ये पलभर है।।

बाहों का आलिंगन होगा।
तुमसे आँखे चार करूँगा।।
संकटकाल निकल जाए तो।
तुमको जीभर प्यार करूँगा।।

कितने ख़्वाब अधूरे-पूरे, जिनको तुमने रोज़ सजाया।
एक-एक कर कितने सपनों को, कोरोना की भेंट चढ़ाया।।

लॉकडाउन ये खुल जाए तो।
स्वप्न सभी साकार करूँगा।।
संकटकाल निकल जाए तो।
तुमको जीभर प्यार करूँगा।।

मुझे हुआ तो तुम्हें भी होगा, रोग संक्रमित है कोरोना।
मुँह पर मास्क लगाए रखना, बार-बार हाथों को धोना।।

"विजय" सावधानी रखना तुम।
तब ही अंगीकार करूँगा।।
संकटकाल निकल जाए तो।
तुमको जीभर प्यार करूँगा।।

कोरोना

राजेश कौरव सुमित्र (गाड़रवारा, नरसिंहपुर, मध्य प्रदेश)

01

कोरोना की महामारी, नये युग की बीमारी
पूरी दुनिया में फैली, गर्व मिटाने आई।
वैज्ञानिक अहं भाव, बुद्धिवादी सभी दाव
परेशान क्या इलाज, मिली नहीं दवाई।
अहंकार हुआ चूर, मानव था मजबूर
भारतीय रीति नीति, सबने अपनाई।
नमस्ते का प्रचलन, जग में बढ़ा चलन
प्रकृतिखेलअजीब, आध्यात्मिकता छाई।

02

भूल गए खान पान, मांसाहारी है हैरान
शाकाहारी भोजन ने, प्रतिरक्षा बढ़ाई।
दुनिया में हाहाकार, बंद धंधा व बाजार
लौट पड़े निज धाम, छोड़ छाड़ कमाई।
लोभ नहीं प्यारी जान, जानते सब इंसान
स्वदेश प्रेम जुड़ाव, कोरोना की भलाई।
घरबंदी का आदेश, अपनाते कई देश
दो गज दूरी मास्क, कोरोना ने सिखाई।

कोरोना का कहर

निधि श्रीवास्तव (गोरखपुर)

ये उन दिनों की बात है जब ये जहाँ अपना था
जिस घर से हम बोर हुए उस घर में रहना एक सपना था
पंख पसारे खुली हवा में जब हम यू इतराने थे
मौज मस्ती, संगीत की धुन अपनों के संग दिल बहलाने थे
सोचा ना था कभी ये हमने एक दिन ऐसा भी आयेगा
मानव जीवन घुट घुट कर जिएगा प्रकृति खुल कर मुस्कुराएगा
किया है जो खिलवाड़ प्रकृति से उसका फल यूँ भुगतना था
ये उन दिनों की बात है जब
न कोई अब रंक यहाँ अब न कोई है राजा
अपने अपने कर्मों का सब भुगत रहे खामियाजा
बंद हुए सब कामकाज हर दफ्तर हर दरवाजा
विश्व स्तर पर कोरोना का काल चक्र मंडराया है
था नाज हमें जिस विज्ञान शक्ति पर एक विषाणु ने हराया है
हे सृष्टि रचयिता दया करो अब बस इतना कहना था
ये उन दिनों की बात है जब ये जहाँ अपना था

कोरोना तुझे हाय लगेगी मेरी

हरिनारायण तनहा (सिंगरौली, मध्य प्रदेश)

मैं कई महीनों से कैद हूँ घर में
बस तेरे डर से
अनलॉक नही कर पा रहा हूँ खुद को
बस तेरे डर से
दूर रहना बस तू सदा ही कोरोने
मेरे प्यारे घर से
नही तो सुनले वर्ना
'कोरोना' तुझे हाय लगेगी मेरी

घमंड छोड़कर सच को देख
तूने किए हैं पाप अनेक
अपने अंजाम को पाएगा तू
एक दिन मिट्टी में मिल जाएगा तू
अब जो एक भी जीवन छीना तूने
तो कान खोलकर सुनले वर्ना
कोरोना' तुझे हाय लगेगी मेरी

कोरोना काल का रुप

लक्की सिंह चौहान (बनेड़ा, भीलवाड़ा, राजस्थान)

जिस के दंश को झेल रहे है, बड़े बड़े देश सारे,
काल के इस भयंकर रुप से, कौन हमे उबारे
गुरुवर, यह काल की कैसी विशाल परछाई है,
जो कोरोना के रुप में सम्पूर्ण विश्व में छाई है।

इसका न तो हो रहा कही अंत, न कोई ठिकाना है,
आखिर कब तक, इस महामारी से झूझते जाना है।
अब एक अहसान ओर हम सब पर यह कर देना,
इस वायरल बिमारी को, क्षण भंगूर तुम कर देना।।

आहिस्ता आहिस्ता ही, इस महामारी से लड़ जाएंगे,
काल की क्रूर दृष्टि से, तेरी किरपा से ही बच पाएंगे।

कोरोना -दोहे

सत्येन्द्र पटेल 'प्रखर' (फतेहपुर)

अगर कॅरोना हो गया, क्या होगा परिवार।
हृदय निवेदन है प्रखर, कर लो आप विचार।।

क्यों आख़िर ताबूत में, ठोंक रहे हो कील।
कोरोना ने कब प्रखर, दिया तुम्हें ये ढील।।

थोड़ी अक्ल लगाइये, सह लो कष्ट हज़ार।
मत घूमों बाज़ार में, चुप बैठो घर द्वार।।

माना कुछ नुकसान है, टूट रहा व्यापार।
धन संचय की नीति में, बुद्ध राह उपचार।।

खांसी हो या छींक हो, सम्मुख प्रखर रुमाल।
स्वस्थ रहें सानन्द भी, जीवन हो खुशहाल।।

बहुत जरूरी काम हो, तब छोड़ों घर द्वार।
अगर मदद की बात हो, रहो प्रखर तैयार।।

करे निवेदन फिर प्रखर, कहता हृदय पुकार।
कैरोना विपदा बड़ी, मिला नहीं उपचार।।

कोरोना की सकारात्मकता

नीलम घनघस जी (चंडीगढ़)

कोरोना के डर ने जीवन का मूल्य समझा दिया!
भटके हुए इंसान को फिर से जीना सीखा दिया!!

अपनों के साथ का भी इसने महत्व बतला दिया!
बेशक़ आई आपदा होकर एक रहना सीखा दिया!!

दया-धर्म और धैर्य का इसने सबको पाठ पढ़ा दिया!
अल्प व्यय में जीवनयापन का भी सूत्र सीखा दिया!!

क्षणभंगुर जीवन का भी इसने अहसास दिला दिया!
संकट की इस घड़ी ने प्रेम का सबक सीखा दिया!!

जो भूल चुके थे रिश्तों को उन्हें याद दिला दिया!
दौड़ती जिंदगी को शनैः शनैः चलना सीखा दिया!!

आत्मचिंतन करने का भी इसने मौक़ा बहुत दिया!
इंसान तेरे अहंकार को इसने मिट्टी में मिला दिया!!

करोना तुझे हराना है

रूचि शर्मा (बिजनौर, उ० प्र०)

बहुत रह लिये घर में अब, बहुत हो गया नुकसान हमारा,
अब घर से बाहर जाकर, सुरक्षा को अपनाकर,
अपने काम पर वापस जाना है।
हर रोज तुझसे लड़कर जीत वापस आना है,
करोना तुझे हराना है।
मास्क को अपना दोस्त बनाकर, उसका साथ निभाना है,
स्वच्छता को अपनाकर, जन-जन को स्वस्थ बनाना है।
मानव को मानव से दूरी बनाकर, आज मानवता को बचाना है,
करोना तुझे हराना है।
अपनी सभ्यता, संस्कृति का पाठ सबको पढ़ाना है।
“सर्वे भवन्तु” का नारा फिर से दोहराना है,
करोना तुझे हराना है।
बहुत कुछ खो दिया, मगर बहुत कुछ पाना बाकि है,
जिन्दगी के इस सफर में मंजिल अभी बाकि है,
अपने आत्मविश्वास को फिर से पाकर, हौंसलों की उड़ान भरकर,
जीवन फिर से सरल बनाना है,
करोना तुझे हराना है।
इसकी ना कोई जाति है, न धर्म,
सबको इसने पहचाना है।
हम सबको मिलकर एक साथ, इसके काल चक्र को तोड़कर, इसको हराना है।
करोना तुझे हराना है।

कोरोना

ज़ैद बलियावी

यही अंजुमन और यही शजर सा लगता है..
अब अपना आशियाना बे-घर सा लगता है..

वक्त ने डुबोया है ऐसी महामारी में हमें..
कि अब इंसान को इंसान से डर लगता है..

पहले दिल न मिले तो भी हाथ मिला लेते थे..
अब हाथ मिलाओ तो फंदे में सर लगता है..

इतना जुल्म ढाया है हर किसी ने अपनों पर..
मुझे किसी मजलूम की बद्दुआ का असर लगता है..

जो दिल पत्थर हुआ तो खुद को खुदा मान बैठे थे..
मुझको तो बस यह खुदाई कहर लगता है..

अगर कोई अब लाकर दे अमृत भी मुझे..
मुझको हर प्याले में जहर लगता है..

डरने से ना बात बनेगी

पल्लव शर्मा

कोरोना है घातक ये तो
हमने बात मानी है
पर उससे नहीं डरेंगे
हमने अबकी ठानी है।

हैण्ड सेनिटाइजर से हम
हाथ साफ करते हैं
दो गज दूरी, मास्क जरूरी
इसका पालन करते हैं

डरने से ना बात बनेगी
दृढ़ निश्चय आवश्यक है
रुकी हुई दिनचर्या का
चलना अवश्य ही संभव है

सुरक्षा ही बचाव की कुंजी
हमने इसको अपनाया है
वैक्सीन आए जल्द देश में
नव वर्ष अभिलाषा लाया है

कोरोना तू भी जा

सविता गर्ग "सावी" (पंचकूला, हरियाणा)

गया तेरा साथी बीस कोरोना तू भी जा
अब ना कर इतनी रीस कोरोना तू भी जा

अर्थव्यवस्था कर दी कचरा
सबका जीवन बिखरा बिखरा
तेरी वजह से हाल हुआ ये
अपना ही अपने को अखरा
गया तेरा न्यायधीश कोरोना तू भी जा
अब ना कर इतनी रीस कोरोना तू भी जा

तुझको लाज ज़रा न आई
अच्छी इतनी नहीं ढिठाई
अब गया पानी सिर से ऊपर
तेरी वजह से विपदा आई
तुझे मारेगा इक्कीस कोरोना तू भी जा
अब ना कर इतनी रीस कोरोना तू भी जा

जीने दे अब और सता ना
कुछ तो अब तू रहम जता ना
तेरे कारण बन्द हुआ सब
कब जाएगा यार बता ना
उठे जिया में टीस कोरोना तू भी जा
गया तेरा साथी बीस कोरोना तू भी जा।

करोना को हम हराएँ...

नीरजा शर्मा

1) छोड़ो करोना की पुरानी बातें
करोना की बातें अब नहीं हैं सुनानी,
नववर्ष में लिखेंगे हम मिलकर नई कहानी,
हम नन्हे मुन्ने ....हम प्यारे बच्चे ...

2) आज गले मिलना हम छोड़ चुके हैं
क्यों देखे फास्ट फूड, जो खाना छोड़ चुके हैं
नया साल है, घर में रहेंगे करेंगे हम तैयारी,
हम नन्हे मुन्ने .. हम दुलारे बच्चे।

3) अपने संयम को अपना ईमान बनाएँ,
जरूरत के बिना ना हम बाहर जाएँ,
देवों की भूमि को, करोना से आज बचाएँ,
हम नन्हे मुन्ने .... हम न्यारे बच्चे।

4) सोशल डिस्टैंसिंग का मंत्र अपनाकर,
मुँह पर मास्क लगाकर हम बाहर जाएँ,
बार-बार हाथ धोकर, सब काम कर जाएँ,
हम नन्हे मुन्ने ....हम छोटे बच्चे।

5) अपने स्वार्थ को अपना धर्म बनाएंँ,
खुद को बचाकर देश का भविष्य बनाएँ,
अपनी भारत भूमि को करोना मुक्त कराएँ,
हम नन्हे मुन्ने ... हम भारत के बच्चे।

कोरोना के योद्धा

ओम प्रकाश शर्मा (शिमला)

घर में बैठे हुए जो आदेश मान बिना कार्य ना करें बाहर प्रस्थान
विषाणु प्रसार जो रोकना चाहे हैं कोरोना के वे योद्धा महान |
चाहे नेता वे या अधिकारी गण कोरोना विरुद्द जुटे जो सच्चे मन
राष्ट्रीय व्यवस्था जो रहे सम्भाल वे कोरोना के हैं योद्धा महान |
स्वास्थ्य सुरक्षा निरंतर कर रहे प्रदान निज जीवन जोखिम पर न दे ध्यान
कर रहे जनरक्षा का अतुलित काम वे कोरोना के हैं योद्धा महान |
सैनिक सीमा रक्षण के साथ साथ हर विपदा में भी बटातें रहें हाथ
उनके शौर्य का क्या करे बखान वे है कोरोना के योद्धा महान |
प्रतिदिन घर घर से ले कूड़ा सारा एकत्रित कर करते उसका निपटारा
स्वच्छता बनाने में जिनका ध्यान वे हैं कोरोना के योद्धा महान |
जो जनहित में जनता को रोक रहे संक्रमण न फैलाने की वे बात कहे
हमारी पुलिस के कर्मठ वीर जवान वे हैं कोरोना के योद्धा महान |
भारत के प्रतिष्ठित साहित्यकार कर रहे सामाजिक दूरी का प्रचार
सचेत करे जन को जिनका ज्ञान वे हैं कोरोना के योद्धा महान |
विद्युतबोर्ड का तो बड़ा योगदान विद्युत् बिन बिगड़ते सभी काम
जो उसकी आपूर्ति का रखे ध्यान वे कोरोना के हैं योद्धा महान |
दूर संचार कर्मचारी अधिकारी उनकी इस काल बड़ी जिम्मेदारी
सेवा संचार से हैं जोड़ते सबको वे कोरोना के हैं योद्धा महान |
जल आपूर्ति सर्वत्र करने वाले, सब जन संस्थानों के रखवाले
कर्त्तव्य निभा रहे जो मिलकर वे हैं कोरोना के योद्धा महान |
जो भी जन सेवा में है लगे हुए, आपातकाल में भी करते रहें काम
उनको शत-शत है हमारा प्रणाम वे हैं कोरोना के योद्धा महान |

कोरोना

डिजेन्द्र कुर्रे "कोहिनूर" (पीपरभावना, बलौदाबाजार, छ.ग.)

जग में कोरोना आया,
कैसे जादू टोना आया।
सबको ही रोना आया,
दुख भरा साल हैं।

मिटने लगी है काया,
दवा नहीं बन पाया।
जैसे अधंकार छाया,
आज बुरा हाल हैं।

लोग सभी डरते हैं,
उदिम भी करते हैं।
और कई मरते हैं,
फैल गया जाल हैं।

मास्क भी लगाया करो,
नहीं कही जाया करो।
सबको बताया करो,
काल विकराल हैं।

कोरोना

इंजी. नवनीत पाण्डेय "चंकी" (सेवटा)

शादी विवाह गाना, कार्यक्रम सुन शान हुआ
सब्जी अनाज सड़ा, अन्नदाता परेशान हुआ
योजना का पैसा फिर से, भ्रष्टाचारियों ने लूटा
कितना रोजगार छूटा, कितना परिवार टूटा

आम जनता में देखा, थाली का निवाला छूटा
महामारी में देखा, राणा का भी भाला छूटा
कर्तव्य परायणता में, अपनों का साथ छूटा
प्लायन में अपनों से, अपनों का साथ छूटा

लगी है नजर, लगी है नजर
विश्व में छाया, कोरोना कहर
चिकित्सक सिपाही, सेना करते जतन
सुख समृद्धि सजा, रहे ए वतन

ग्राम + पोस्ट :- सेवटा, जनपद:- आजमगढ़ पिन कोड:- 276128
उत्तर प्रदेश
मोबाईल नम्बर:- 08545861799, 09408527228

कोरोना वापस आ गया

नूरफातिमा खातून “नूरी” (कुशीनगर, उत्तर प्रदेश)

क्या कहे कोरोना वापस आ गया
घबराया मन और भी घबरा गया।

मास्क लगाइए आप जरूर,
भीड़ में रहिए दो गज दूर,
अधिक से अधिक रहिए घर,
सैनिटाइजर लेकर निकले बाहर,

फिर से सड़कों पर खामोशी छा गया
क्या कहें कोरोना वापस आ गया।

रोग प्रतिरोधक क्षमता बढ़ायें,
हरी सब्जी और फल खाएं,
जीवन शैली में बदलाव लाएं,
योग दिनचर्या का हिस्सा बनाएं,

सर्दी का मौसम भी सता गया,
क्या कहे कोरोना वापस आ गया।

छींकते, खासते समय नाक पर रखे रुमाल,
गुनगुना पानी हल्दी दूध का करें इस्तेमाल,
चेहरे आंखों पर हाथों से टच नहीं करना है,
पड़ी है आदत तो इसे तुरंत बदलना है,

जीवन में रहो सावधान ये बता गया,
क्या कहें कोरोना वापस आ गया।

कोरोना

डॉ धनुर्धर द्विवेदी

तू आयेगा इसी उम्मीद में, मैं हर रोज जीता हूँ,
जहर घोली हवा को, यूँ ही घुट- घुट के पीता हूँ,
जवानी क्या, बुढापा क्या, अब बे-रंगीन है दुनिया,
कोरोना काल में अब तो, सब बरबाद है दुनिया,
तरीके हर तरफ बचने की खातिर, लाख खोजा है,
मगर हम उन तरीकों में भी, नहीं महफ़ूज होते हैं,
बहुत उम्मीद है तुमसे, कि अब तुम जल्द आओगे,
दहशत भरी इस जिन्दगी को, तुम बचाओगे,
बड़ी उम्मीद में, आशा से, अपलक यूँ ही बैठे हैं,
कि तुम अब जल्द आ जाओ, निराशा दूर कर जाओ,
नहीं तो जल्द ही दुनिया में, मातम का शमा होगा,
न होगा आदमीं, न तो धराभोगी कोई होगा।।

प्रकृति का गुस्सा कोरोना

डॉ मीनू पूनिया (जयपुर, राजस्थान)

बच्चे, वृद्ध, नौजवान बैठे थे
नव वर्ष 2020 आगमन के इंतजार में,
दस्तक कोरोना की मचा गई तबाही
बुरी तरह हिला मानव प्रकृति की मार में।
दिखे वहीं सिर्फ मार्मिक हाहाकार
सुना मंजर पसरा नगर नगर में,
चपेट में आए गांव और ढाणी भी
मूक ताला लगा देश विदेश भ्रमण में।
सबके कदम अनायास ही रुक गए
चाह कर भी बाहर निकल ना पाएं,
भय का वातावरण सबको हुआ महसूस
खुली हवा में सांस भी ना ले पाएं।
किसी ने कहा दुर्लभ वायरस इसे
कोई इसे संक्रमण का खतरा बताए,
मीनू ने नाम दिया इसे प्रकृति की मार
जो आज हम सब को भुगतनी पड़ जाए।
नहीं रखा ध्यान हमने प्रकृति का
तभी तो आज घुटना पड़ गया,
वायरस संक्रमण तो बस बहाना है
गुस्सा प्रकृति का कोरोना जिद्द पर अड़ गया।

बहुत दिन हो गए हैं तुझ से मिल के

आभा सक्सेना दूनवी

बहुत दिन हो गए हैं तुझ से मिल के!
बता कैसे मैं पूछूँ हाल दिल के!!

वबा की ये हवा कैसी चली है!
खुशी आई नहीं है कोई खिल के!!

नहीं है ज़िंदगी में रोशनी अब!
बता कैसे सिलूँ मैं ज़ख्म दिल के!!

बरातें अब कहाँ होंगी मयस्सर!
अधूरे हैं सभी अरमान दिल के!!

पड़ा है ख़ून पटरी पर अभी तक!
गए मजदूर हमसे कल ही मिल के!!

नहीं बाकी बची है नौकरी अब!
अदा कैसे करूँ मैं दाम बिल के!!

कोरोना कहर

सोनु सुगंध

हर मंजर देखो शहर का कैसा हो रहा है
शहर का शहर जैसे बंजर हो रहा है
मिट्टी का आदमी मिट्टी में समा रहा है
अकेले आया था जो अकेले जा रहा है
मौत को रो रहा नहीं कोई यहाँ
रो रहै कोरोना को लोग है
कर लो बंद खूद को घरों में कुछ दिन
ये तुम्हारें बाहर निकलने का भोग है।
कर लो बंद खूद को घरों में कुछ दिन
ये तुम्हारें बाहर निकलने का भोग है।
दुरीयों वाला रिश्ता ही अब सुहाता है
पास आने वाला अंदर ही अंदर डराता है
ये कैसी इंसानियत कर दी खुदा नें
मरनें वाला अपना और देह कोई ओर अपनाता है।

तुमने क्या पाया? ऐ कोरोना!

सरिता पाण्डेय

तुमने क्या पाया? ऐ कोरोना!
पर हाँ, हमने बहुत कुछ खोया ऐ कोरोना!
खो दिया हमने अपनों को,
अपने भविष्य को और
अपने बहुत सारे लोगों को।

खो गई हमारी आशायें, सारी अभिलाषाएँ,
पस्त हो गये इरादे, गुम हो गये बहुत से वादे,
जो जहाँ था वो वहीं जड़ हो के रह गया,
बिन जेल के हर कोई कैदी हो के रह गया।

कहीं लोग पास आने से कतराते थे और,
कहीं, अनजानों ने आकर दामन थाम लिया,
डर ने जीवन में ऐसा ड़ेरा जमाया की
अपनों ने अपनों को मुत्युशैया पर भी त्याग दिया।

सैंकड़ो हाथों ने आँसू पोंछे,
अनगिनत लोगों ने भूखों को भोजन कराया,
अपरचितों ने कई लाशों को दफ़नाया, लोगों ने,
कई दुत्कारी हुई चिताऔं को अंजाम तक पहुँचाया।

अस्त-व्यस्त हो गई जिंदगीं जो एक ढ़र्रे पर चल रही थी,
कोई गिर कर संभला, कोई गिरकर उठ ही नही पाया,
बताओं, तुमने क्या पाया? ऐ कोरोना!
मगर हाँ, हमने बहुत कुछ खोया ऐ कोरोना।

प्रोफेसर कोरोना (व्यंग्य कविता)

डॉ शुभ्रा माहेश्वरी (बदायूं)

प्रोफेसर कोरोना एक बात पूछती हूं -सटीक उत्तर बताइए,
उत्तर देते जरा भी ना शर्माए, बात निष्पक्ष होकर बताइए।
आप कहां तक जा सकते हैं, किस-किस से वचन निभा सकते हैं,
अपना दायरा आप हमें निष्पक्ष समझा सकते हैं।
क्या विवाह समारोह में आप नहीं जाते? क्या दूल्हा दुल्हन से डर लगता है?
या ब्यूटी पार्लर में सजी दुल्हन से डर जाते हैं, शायद इसीलिए वहां नहीं जाते हैं
या फिर यहां अपनी मानवता दिखाकर आशीष दे जाते हैं?
क्या धरना स्थल भी आपका केंद्र नहीं है,
या चुनाव का साथ निभाते हो क्योंकि वहां तो कभी नहीं जाते है।
बस इतना बता दो- कि किसे किसे नहीं सताते हो?
कहां -कहां, कब- कब, किस समय नहीं जाते हो?
एक बात और बता दो -जो बाहर का नहीं खाता,
हर समय मास्क लगाता, ऑनलाइन काम करता है
ऐसे व्यक्ति के ही पास जाते हो।
शायद हमारे चाइना बहिष्कार से खिसिया गये गए
हो क्या इसीलिए हमारे पास आ गए हो।
पर एक बात हमारी सुन लेना, दिल में बहुत अच्छी तरह गुन लेना।
तुम हमारा कुछ ना बिगाड़ पाओगे।
हमने चायना बहिष्कार किया है तो तुम्हें भी टिकने नहीं देंगें।
हम हिंदुस्तानी हैं अपना दायित्व सदा निभाएंगे
और मुंह की खिलाकर सदा के लिए तुम्हें वापस तुम्हारे ही देश पहुंचायेंगे।
तुम्हें मार गिरायेंगे।

कोरोना और स्वस्थवृत्त

महेन्द्र सिंह हंस (मानेसर, हरियाणा)

विचलितता कैसी कौन भ्रम संशय कैसा
लडना क्यों भागना क्यों हो तेजस् जैसा

विवेक जगा ज्ञान विज्ञान उग्र भय कैसा
पंच-तत्व ये पिण्डारा पवन से भय कैसा

जानकर अंजान हो व्यवहार में छल कैसा
नोवेल है कोविड है एस.ए.आर.एस जैसा

सब्र की परीक्षा है स्वस्थवृत्त परीक्षा जैसा
फैलता है परमाणु के विखंडन एक जैसा

कमजोर आत्मरक्षा प्रणाली ग्रास जिसका
प्रबल प्रभावी प्रजाति स्वराज रहे जिसका

मनुष्य जाति बतौर मानसिक टूट खिसका
रहन सहन पर नैसर्गिक आक्रमण हो जैसे

कोरोना मैं मौन हूँ, अनभिज्ञ नहीं

रोशन कुमार झा (झोंझी, मधुबनी, बिहार)

मौन हूँ, तो मैं अनजान नहीं,
चुप हूँ, तो क्या मेरा पहचान नहीं।
कोरोना तेरे कारण खुला हुआ बाज़ार
और दुकान नहीं,
तू कोरोना जायेगा, तुम से डरने वाला
हमारा हिन्दुस्तान नहीं।

प्रेम है, अभिमान नहीं,
व्यर्थ हमारा ज्ञान नहीं।
पीछे हटा मेरा कला और विज्ञान नहीं,
तू जायेगा कोरोना
इसलिए मौन हूं, पर अज्ञान नहीं।

हूँ हम रोशन बेरोज़गार पर चीन तुम्हारे जैसा
हम भारतीय बेईमान नहीं,
मार – काट करने पर हमारा ध्यान नहीं,
तू क्या समझा कोरोना,
तुम्हारे भगाने के लिए कोई विद्वान नहीं।।

बन रही है सुझाव चुपके से, अभी कहीं भान नहीं,
इसलिए मौन हूँ, तो क्या मेरे होंठों पर मुस्कान नहीं।
बंद है भारत दुनिया के साथ तो क्या हुआ
तू कोरोना महान नहीं,
कष्ट दूर करेंगे प्रभु, तू क्या समझा हम मानव के
लिए भगवान नहीं।

कोरोना जागरूकता

सतगुरु प्रेमी (रायबरेली)

आयी महामारी मत घबराव। करो ना लापरवाही।।
कोरोना के संकरमन से व्याकुल दुनिया सारी,
धीरे-धीरे फैल गई जन-जन में यह बीमारी,
जागो जागो जागरूक बनाव। करो ना लापरवाही।।
बिना काम के कदम धरो ना घर के बाहर अब से,
भाईचारा बना रहै पर कसौ किनारा सब से,
भागो भागो दूरि सब का भगाव। करो ना लापरवाही।।
भीड़भाड़ से बचे रहौ ना कहू से हाथ मिलायौ,
दिन म कई बार साबुन से आपनि कर चमकायौ,
बचो बचो खुद सब का बचाव। करो ना लापरवाही।।
सर्दी खांसी सांस रुकै औ ताप हुवै तन भारी,
नाक बहै औ बदन दर्द तो तुरतै करो तयारी,
जाव जाव "प्रेमी" जांच कराव। करो ना लापरवाही।।

कोरोना इक वायरस

अभिनव मिश्र अदम्य (शाहजहांपुर, उ.प्र.)

कोरोना इक वायरस, परेशान संसार।
पूरे जग में मच रहा, देखो हाहाकार।

हाँथों को तुम जोड़कर, सबको करो प्रणाम
कोरोना ने कर दिया, मानव को बीमार।

निश्चित दूरी कीजिये, मुह पर पहनो मास्क
हाँथों को तुम ध्यान से, धोना बारम्बार।

बैठे सब बेकार हैं, कामगार मजदूर
कोरोना की मार से, दिखते सब लाचार।

बाहर जाने से प्रथम, मुह पर पहनो मास्क
अनजाने में हो रहे, इसके लोग शिकार।

सावधानियों पर अगर, दिया सभी ने ध्यान
हो जाएगी देश में, कोरोना की हार।

"अभिनव" सबसे कह रहे, मन की चिंता त्याग
सावधानियां राखिये, खुद से कर लो प्यार।

भइया हम कोरोना हैं

सिद्धांत सोनकर (जौनपुर, उ.प्र.)

भइया हम कोरोना हैं
क्या हिन्दू? क्या मुस्लिम?
आज संपूर्ण विश्व के लिए एक मात्र रोना हैं।
काहें की भइया हम कोरोना हैं।

आप सब एक हो जाओ
जितना ज्यादा संभव हो सामाजिक दूरी बनाओ
वरना हम तुम्हारी जान और उस खौफनाक मंजर के लिए एक मात्र रोना हैं..
काहें की भइया हम कोरोना हैं।

हमारी न कोई जात है न धरम, देश की सीमा है
तुम्हारी मौत मेरे लिए एक मात्र खिलौना है।
संभल जाओ भइया
हम खतरनाक कोरोना हैं।
लोगों से मिलना-जुलना बन्द कर दो
वरना तुम्हारे परिवार के लिए भी हम ही रोना हैं..
काहे की भइया चीन से आये हम
सबके लिए खतरनाक कोरोना हैं।

खुद के लिए जीना सीखा गया कोरोना

शिव प्रताप लोधी (सतना, म.प्र.)

आठों पहर खूब सोचा ज़माने भर के लिए,
लेकिन खुद के बारे में कभी ना सोचा।
हर किसी की ख्वाहिशें पूरी करने में खूब
परिश्रम, खूब त्याग किया मगर,
खुद की चाहतों का क्या कभी ना सोचा?
घर-गृहस्थी, समाज के लिए वक्त दिया,
मगर खुद को कितना वक्त दिया कभी ना सोचा।
दौलत शौहरत सब जमाने की झूंठी शान है,
खुद के लिए कितना जीता हूं कभी ना सोचा।
"कोरोना काल" में जब ठहर गया घर में,
खुद को वक्त दिया, खुद से मुलाकात की,
तब खुद के लिए भी जीना सीख गया।।

हे ईश्वर इस जहां से कीजै, कोरोना को दूर

विक्रम कुमार (वैशाली, बिहार)

हाहाकार हर ओर मचा है, हुए हैं सब मजबूर
हे ईश्वर इस जहां से कीजै, कोरोना को दूर

बंद पड़ा हर ओर यहां है, हुआ है क्षय सरताज यहां
मन पर दहशत की चलती, भय का चलता राज यहां
कल तक तो सब अच्छा ये हुआ क्या जाने आज यहां
महामारी है चरम पर अपने, गिरी हुई है गाज यहां

जाने क्यों मंशा होनी की, हुई है इतनी क्रूर
हे ईश्वर इस जहां से कीजै, कोरोना को दूर

अपनी दया व करुणा का अनुदान दीजिए जग को
ज्ञान दीजिए और क्षमा का दान दीजिए जग को
सारी विपदा को हर कर राहें आसान दीजिए जग को
जीतने का इस संकट से वरदान दीजिए जग को

अर्जी यही हमारी दिल से कर लीजै मंजूर
हे ईश्वर इस जहां से कीजै, कोरोना को दूर

नहीं कोरोना चीज बड़ी है

भारत भूषण पाठक "देवांश"

लावणी छंद में तुच्छ प्रयत्न सादर समर्पित है:-

विधान-१६-१४ मात्रा पर यति, कुल ३० मात्रा प्रति चरण।

दो-दो चरण समतुकांत तथा चरणांत गुरु या दो लघु अनिवार्य।

नहीं कोरोना चीज बड़ी है, हरदम मन में ये कहना।

रखना होगा संयम थोड़ा, केवल घर में ही रहना।।

नहीं करो कोई मनमानी, पालन नियमों का करना।

अति निडरता कभी ना अच्छी, हमको थोड़ा है डरना।।

भ्रम भूले भी ना फैलाओ, याद हमेशा है रखना।

घर से बाहर जब भी निकलो, मास्क लगाके मुँह ढँकना।।

हाथ किसी से नहीं मिलाना, अभी नमस्ते कर लो।

नहीं व्यर्थ के ज्ञान बाँचना, खुद को बस तुम संभालो।।

कोरोना माई

रिपुदमन झा "पिनाकी" (धनबाद, झारखण्ड)

भक्तों की दुनिया में लोगों एक नई माता आई।
सभी जनों के संकट हरने प्रकट हुई है सुखदाई।
छुटकारा देने आई है कोरोना महामारी से –
भक्तों ने ही नाम दिया है उसको कोरोना माई।

नौ लड्डू का भोग लगाते नौ ही फूल चढ़ाते हैं।
धूप दीप से करें आरती भजन भक्ति से गाते हैं।
विधि विधान से पूजन करते करें प्रार्थना देवी से-
कष्ट हरो कोरोना माता ये फरियाद लगाते हैं।

कोरोना माता की सबने कथा अनोखी बतलाई।
गाय एक खेतों में चरती महिलाओं के पास आई।
नारी रूप किया धारण पल में फिर उस गौ माता ने-
अपना परिचय दिया कहा कि मैं हूं कोरोना माई।

मैं तुम सबके रोग हरूंगी दुःख संताप मिटाउंगी।
तुम सबके जीवन में खुशियां जीवन भर बरसाउंगी।
मेरी पूजा करो विधि से औरों को भी प्रेरणा दो –
फैली है जो महामारी मैं उससे मुक्ति दिलाउंगी।

कितनी अंधभक्ति फैली है कैसी ये अफ़वाह चली।
आज अंधविश्वास की दुनिया एक नई फिर राह चली।
नाम दे दिया है देवी का एक वैश्विक महामारी को-
आंख मूंदकर सच से दुनिया करने एक गुनाह चली।

यूं ही नहीं कहलाते चिकित्सक/ भगवान

मनु वाशिष्ठ (कोटा जंक्शन, राजस्थान)

अपनी रातों की नींद छोड़ दूसरों के ख्वाब सजाते हैं
भूख प्यास सब छोड़ सेहत दरकिनार कर जाते हैं
किसी रोगी के भाई, पुत्र सम
तो कभी लावारिस के वारिस बन उपचार कराते हैं
तब कहीं चिकित्सक भगवान का दर्जा पाते हैं....
सब के दर्द की दवा बनते अपना दर्द छुपाते हैं।
अपने को रखते तटस्थ मोड पर मां पिता भाई बहन मित्र
सारे रिश्ते निभाने की भाग दौड़ में (पति_पत्नि)
आपसी संवाद भी कहां कर पाते हैं।
तब कहीं चिकित्सक भगवान का दर्जा पाते हैं.....
अभी अभी नव गर्भवती को बेड रेस्ट की सलाह देकर आई है
आज फिर भूल गई, खुद गोली
अपने तीन महीने की प्रेग्नेंसी भी कहां एन्जॉय कर पाई है।
अपने हाथों नन्ही परी को जन्मा देख सुकून पाते हैं
तब कहीं चिकित्सकभगवान का दर्जा पाते हैं.....
सभी को देते सलाह और काउंसलिंग करते हॉस्पिटल आने की जल्दी में
अपने बच्चे को दूध की तो छोड़ो, गले भी नहीं लगा पाते हैं।
फोन पर ही पूछा हाल, किए कुछ प्रॉमिस, अपना गिल्ट मिटाते हैं।
तब कहीं चिकित्सक भगवान का दर्जा पाते हैं.......
कोरोना वायरस के डर से सब बुरी तरह घबरा गए
किया कईयों ने बुरा बर्ताव थूका, फेंकी गंदगी फिर भी सेवा को डटे रहे
परिजनों से मिलने महीनों घर नहीं जा पाते हैं
तब कहीं चिकित्सक भगवान का दर्जा पाते हैं.....

डर में जीना

सरगम भट्ट (खलीलाबाद, उत्तर प्रदेश)

जब से यह आया कोरोना,
जकड़ लिया है कोना – कोना,
सबको घर में कैद करा कर,
मचा दिया है रोना-धोना।

नर्स और डॉक्टर को,
अंगुली पर है नाच नचाया,
सारा दिन यह फर्ज निभाते,
इनको भी है खतरे में जीना।

परिवार है घर की खुशहाली,
सबके मन में डर का रहना,
छीन लिया जिस परिवार को,
घर है उनका सूना – सूना।

नए साल से उम्मीद है सबकी,
यह लेकर जाएगा कोरोना,
खुशियों के अब दीप जलेंगे,
नहीं होगा अब रोना – धोना।

करोना हैं, ना करो कुछ भी

देवेन्द्र कुमार दहिया

जल थल गगन पथ बन्ध हुए
बन्ध आना-जाना, मण्डी बाजार।
काम काज पे प्रतिबन्ध हुआ,
नहीं लांघना घर का द्वार।
करोना प्रचण्ड है, ना करो कुछ भी
सख्त आदेश दे डाली सरकार।
श्वास रही ना स्वतन्त्र,
ना रहा कोई जन व्यवहार।
बन्ध बैठक, चौपाल और तास मंडली
रही ना कोई आपसी तकरार।
प्रिय दर्श को तरस गये,
मिलना हुआ दुश्वार।
सर, समी, जमीं हुए अछूत,
फैली छूत समस्त संसार।
आलय, निलय ताला बन्धी
बन्ध सीमांतर व कारोबार।
देश, धर्म पे आरोप प्रत्यारोप
दिखा राजनिति का तीक्ष्ण वार।
सावधानी, स्वच्छता मात्र उपाए
महामारी है, नहीं कोई उपचार।
दवा दारू कुछ ना काम आए,
वैद, हकीम, डाक्टर सब लाचार।
वक्त कठिन है, संभलना दोस्तो
स्वस्थ रहें आप और परिवार।

सीखा करोना से

संतोष श्रीवास्तव

मची तबाही दुनियां में
जब महामारी बना कोरोना

हर तरफ मची अफरा तफरी
हुए प्रयास बचाव के

मास्क दूरी सफाई
बने सहारा इन्सान के

अह्सास कराया दूर होने पर भी
करीब होने का आपस में

कमान संभाली योद्धाओं ने
करोना युद्ध से निपटने

हुए सफल हम भागा कोरोना
लेकिन है सावधानीपूर्वक भी

कोरोना

डॉ राजेन्द्र सिंह राही (बस्ती, उ. प्र.)

कोरोना से अगर है लड़ना
तो पालन करना ही होगा
बनी योजना जो हितकारी
जिससे यह न फैले जन में
जिससे पीड़ा न हो मन में
यद्यपि सच सरकार हमारी
जान रही घातक महामारी
इसीलिए तत्पर हो हरक्षण
बना योजना उत्तम, सुदृढ़
कोरोना पर वार कर रही
जनमानस तैयार कर रही
फर्ज हमारा भी हम समझे
शासन की कुछ मजबूरी है
जिससे जन को कष्ट हुआ
बनी व्यवस्था नष्ट हुआ
लेकिन हमको लड़ना ही है
क्योंकि जीवन इसके आगे
क्योंकि हममें साहस काफी
जिससे हारेगा ही एकदिन
राक्षस दुनियां का कोरोना...

नाम कोरोना, अज़ब व्याधि

रेनू बाला हंस (रेवाड़ी, हरियाणा)

तन, मन, धन पुरुषार्थ कामुकता आधी.
देखों भाई नाम कोरोना अज़ब व्याधि.

तेज रफ़्तार से दौड़ती देखों ये जिंदगी,
आपाधापी व्याप्त, जिंदगी कैसी बंदगी,

थम सी गई है अकारण देखों पंथी,
बाह्य आक्रमण कहें या जीवनशैली.

गुंजाइश देखों गिननी पड़ी गिनती,
नाम है कोविड मानता नहीं विनती.

अदृश्य है, संक्रामक भी, न करो गलती.
दो गज की दूरी मुख पर मास्क जरुरी.

बिन हाथ साफ़ किए, मुँह से रखे दूरी.
इलाज में, परहेज़ ही है, बेहद जरूरी.

रफ़्तार रुक गई, लौट आई बैलगाड़ी,
पीड़ित व वैद्य कहे बिमारी घणी टेड़ी,

रुप बदलकर करता वार, बिन गाड़ी.
ठीक होने वास्ते चाहिए कमाई गाढ़ी,

जन्मजात सवर्ण अछूत कहाये व्याधि.
झलका दर्द जब ए पीड़ित होवे समधी.

घर पर ही रहना होगा

विकास सैनी

ना जाने कितनी विपदाये हम से लड़ने आएंगी।
ना जाने कितनी विपदाये हम से होकर जाएंगी ॥
पर वर्तमान की जटिल है विपदा, इससे लड़ना होगा।
हमको तुमको सबको मिल कर इससे लड़ना होगा ॥

समा चुके है काल के मुँह में इससे युध्द करने वाले।
मौत का तांडव देख चुके है हल्के में लेने वाले ॥
श्मशान ना बन जाए ये स्वर्ग भूमि "कोरोना" से लड़ना होगा।
हमको तुमको सबको मिल कर इससे लड़ना होगा॥

घर को ही रण भूमि मान लो दहलीज को सीमा रेखा।
बिना तीर -तलवार के लड़ो युध्द जो कभी नही है देखा॥
आत्मसंयम और अनुशासन से "कोरोना" पर घात करना होगा।
हमको तुमको सबको मिल कर इससे लड़ना होगा॥

संक्रमण का खण्डचक्र!

आलोक पाण्डेय (वाराणसी, भारतभूमि)

दिव्य सनातन पूर्ण पुरातन
सभ्यता का दर्पण!
यह कैसा पुनरावर्तन –
विपदा का नर्तन!
पृथ्वी पानी पवन प्रकाश;
सब दूषित कलुषित आकाश!
स्वारथ में परमारथ लूटे; आहत प्राण अकारथ छूटे।
नदी नाले पर्वत मिट्टी रेत पठार;
अतिक्रमित, संस्कृति कर रही चित्कार!
सभ्यता अतिक्रमित, आहत हो कर रही पुकार;
कुसंस्कारों के कालखंड में "को-रोना" कैसा प्रसार!
वृक्ष लता गुल्म कुसुम कुम्हलाये, पड़े दीखे सूखे म्लान;
प्रकृति के विरुद्ध मानव खड़ा, आज विनाश का विकसित भान।
कुछ नहीं बस यही रहा भयावहता द्रष्टव्य है:-
"को-रोना" का विनाश उपाय – प्राकृतिक संघट्य है।
विश्व वैभव संपदा का शुचिता ही सार है :
फैला विस्तृत सुस्थापित काल का आधार है।
सचेत रहें प्रकृति प्रति, जीवन का जय-जय होना;
नहीं कहीं टिकेगा तनिक भी संक्रमणकारी " कोरोना "।

कोरोना - वक्त वो भी था गले दौड़ के लग जाते थे

अखिलेश वर्मा (मुरादाबाद)

दौरे तन्हाई में जीना बड़ा ही मुश्किल है
और अंजान हूँ मैं कौन मेरा क़ातिल है।

वक्त वो भी था गले दौड़ के लग जाते थे
आज जो हाथ मिलाता है वो भी ज़ाहिल है।

ऐसे हालात में किस किस को सँभालूँ आख़िर
मुफ़लिसी छायी है औ'र दूर अभी मंज़िल है।

क्या लगाए वो दफ़ा और सज़ा कौन सी दे
कशमकश में जो पड़ा है वो मेरा आदिल है।

एक ग़लती भी सबब मौत का बन जाएगी
सँग ख़ुश्बू के कोरोना हवा में शामिल है।

जश्न

मीनाक्षी भटनागर

अभी यह दौर कठिन है वक्त का,
मानव खड़ा ले कवच हिम्मतका,
चल रहा है कोशिशों का सफर,
जल्दी ही खत्म होगा यह कहर,
जब सुबह और शाम जगमगाएगी।
मनेगा जश्न, जिंदगी तब मुस्कुराएगी।।

रोशन तभी सब चेहरे होंगे,
और मास्क जब सारे हटेंगे,
बीमारी मैदान छोड़ जाएगी,
हर पेट की ज्वाला मिटेगी,
भूख से न आंते जब कुलबुलाएंगी।
मनेगा जश्न, जिंदगी तब मुस्कुराएगी।।

सबकी मेहनत रंग लाएगी,
मानवता युद्ध जीत जाएगी,
सफलता जब हाथ आएगी,
सभी डरों को दूर भगाएगी
विश्वास की आंच जब सुगबुगाएगी।
मनेगा जश्न, ज़िंदगी तब मुस्कुराएगी।।

कोरोना....

रवि कुमार मालवीय (बैतूल, मध्य प्रदेश)

"ऐ कोरोना"... तेरा जीवन...कोई जीव के बगैर नहीं....
पर.. जब तक शरीर. मे ना आ जाये, तब तक तू गैर नहीं,
तूने जो छीना है हमसे, इसपर तो तेरी खैर नहीं....
जो सिखाया है पाठ तूने, इस बात पे तुझसे ज्यादा बैर नहीं!!

क्या -क्या मंज़र तूने दिखलाये....
कभी राह चलते बेघर लोग...
कभी भूख -प्यास से बिलखते लोग..
कभी डॉक्टर्स -नर्सेज की भाग दौड़...
कभी पुलिस का डंडा.. तो कभी सफाईकर्मी की झाड़ू...
सबकुछ नज़रो के सामने से...कुछ दिनों मे ही घुमा दिया तूने,
ऐ कोरोना...
नज़रिये का सारा सिस्टम ही...हिला दिया तूने...!!

सब कहते थे ये मुश्किल वक़्त जल्द ही गुजर जायेगा..
रब ही जाने, तेरे कारनामो का तोड़ किस देश से आएगा..!

जब दुनियाभर के सुपर-हीरोस ने दाँव पे लगायी जान,
लोगो को समझाइश दी, और कईयों कि बचाई जान..!

दुनियाभर मे भगदड़ देख, कई लोगो मे इंसानियत जागी,
आँखे खुली इंसानों की... अब तक थी जो लागी...!
लोगो को इंसानियत सीखलां के...
ऐ कोरोना... तूने किया है जो नाम...
वाक़ई...
ऐ दुश्मन तूने कर दिया... दोस्तों वाला काम...!!

है कोरोना बहुत न हम डर खाएंगे

विन्ध्य प्रकाश मिश्र विप्र

है कोरोना बहुत हम भी घर जाएंगे।
जबतक खतरा रहा न शहर जाएंगे।
कांपते लोग है घर मे दुबके हुए।
भूख के मारे है ये बेचारे है
पानी पीने से पेट कहाँ भर जाएंगे।
कुछ मदद तो करो अरे! सरकार तुम
वरना मजदूर ये तो मर जाएंगे।
है सदा याद रखना जो मददगार हैं
जख्म है कुछ दिनों में भर जाएंगे।।
है कोरोना बहुत हम भी घर जाएंगे।
जबतक खतरा रहा न शहर जाएंगे।
विन्ध्य कहते सुनो सावधान रहो
कोरोना का संकट भी टल जाएंगे।

ठंड और कोरोना के अत्याचार

नाज़िया फातमा

ठंड से सब परेशान बा
ए ठंडी मे रजाई और अलाव ही जान बा।

सबेरे त बिस्तर से उठे के मन ना करे
घर से बाहर जाये के सोचलहु पर डर लागे।

ठंडा पानी त काटे के दउरे
साल स्वेटर में ही आराम बा।

ठंड से सब परेशान बा
ए ठंडी मे रजाई और अलाव ही जान बा।

हाथ पैर सब पल्ला होता
सर्दी खासी के इ मौसम बा उपर से कोरोना के अत्याचार बा।

ए कोरोना मे सफाई की नाम पर कैसे हम रोज नहाई
बीस बीस मिनट हम कैसे हाथ धोइ इ हमके बुझात ना बा।

सेनेटाइजर लगावे के का बताई
जब लगाई लागे चढ जाइब ठंडी की फासी पर।

घर ही में रहल सबसे बढ़िया उपाय बा
का बताई ए ठंडी मे कोरोनो एगो बवाल बा।

समझ मे ना आवे का लिखत बानी
का बताई लिखल हमार बान बा।

ठंड से सब परेशान बा
ए ठंडी मे रजाई और अलाव ही जान बा।।

कोरोना पर एक पैरोड़ी गीत

संजय कुमार गिरि

कोरोना कोरोना कोरोना कोरोना
चीन चान के चाँद बाग से चार कोरोना लाये
चार देश में चार भेष में चार कोरोना ढाए
आना ना पास मुझे छूना ना तुम, जाना ना बाहर तुम्हें मेरी कसम
छाया कोरोना है देश में मेरे, लगालो मास्क निभाओ पूरे नियम
आना ना पास मुझे छूना ना तुम, जाना ना बाहर तुम्हें मेरी कसम
आया कोरोना है देश में मेरे, लगा लो मास्क निभाओ पूरे नियम
आना ना पास मुझे छूना ना तुम, जाना ना बाहर तुम्हें मेरी कसम
जनता सारी इस वायरस को सुनकरके घबराए
गर करती वो लापरवाही तो वायरस हो जाए
कोरोना कोरोना कोरोना कोरोना
मुँह पे चुनरी निकल बाँध के गौरी है शरमाये
सैनिटाइजर डाल हाथ में बाहर गौरी जाए
देखो रे देखो निभाए गौरी पूरे नियम, बाहर ना जाओ तुम्हें मेरी कसम
आया कोरोना है देश में मेरे, लगा के मास्क निभाओ पूरे नियम
आना ना पास मुझे छूना ना तुम, जाना ना बाहर तुम्हें मेरी कसम
कोरोना कोरोना कोरोना कोरोना
बहुत काम से बाजारों में जब हो तुम को जाना
सर से लेकर पाँव तक तुम सैनिटाइजर लगाना
जी करता ये लोकड़ाऊंन में घर पे तुझे बिठाऊँ
सुबह से लेकर शाम तलक फिर तेरे पाँव दबाऊँ
बढ़ती ही जाए रात हो ना खतम, बाहर ना जाना तुम्हें मेरी कसम
आया कोरोना है देश में मेरे, लगालो मास्क निभाओ पूरे नियम
आना ना पास मुझे छूना ना तुम, जाना ना बाहर तुम्हें मेरी कसम
आया कोरोना है देश में मेरे, जाना ना बाहर तुम्हे मेरी कसम
आना ना पास तुम्हे मेरी कसम, लगा लो मास्क तुम्हें मेरी कसम

आए थे जहाँ से वहीं चले जाओ

कुमार संदीप

कोरोना!
जब से हुआ है आगमन तुम्हारा
तब से मच गई है हलचल जगत में
तुमने लील लिया है कितनों का जीवन
पता नहीं किस बात पर रुठ चुके हो तुम
अब मान भी जाओ, आए थे जहाँ से
है हाथ जोड़ विनती, वहीं चले जाओ
अब मत सताओ संपूर्ण जगत को
हाँ, तुम संपूर्ण जगत से विदा होकर चले जाओ।।

कोरोना!
जीने का हर ढंग बदलकर रख दिया तुमने
खैर एक सीख भी दिया है संपूर्ण जगत को तुमने
अपनी और परिवार की रक्षा है कैसे करनी स्वयं ही
इस बात की सीख भी प्रदान की है तुमने
है विनती बारम्बार तुमसे हे अदृश्य शत्रु!
अब न बेवक्त तुम किसी को ईश्वर के पास भेजो
हर किसी के अंतर्मन से तुम अपना डर मिटा दो
हाँ, आए थे जहाँ से वहीं चले जाओ।।

कोरोना को नाकाम करो.... कुछ काम करो

अविनाश त्रिपाठी

कुछ काम करो, कुछ काम करो.....
कोरोना को नाकाम करो, कुछ काम करो।

जन जन का कल्याण करो, कुछ काम करो।
कर्तव्यों का निर्वहन करो, कुछ काम करो।
सुरक्षा के अभिराम बनो, कुछ काम करो।
निषेधाज्ञा (कर्फ्यू) का सम्मान करो, कुछ काम करो।
अफवाहों को प्रसार न दो, कुछ काम करो।
सावधानी का सरोकार करो, कुछ काम करो।
जागरुकता का विस्तार करो, कुछ काम करो।
महफ़िल का तिरस्कार करो, कुछ काम करो।
हाथ जोड़ नमस्कार करो, कुछ काम करो।
कोशिशों की नई उडान भरो, कुछ काम करो।
घर में रहकर विश्राम करो, कुछ काम करो।
भारत वर्ष की शान बनो, कुछ काम करो।
संयम की एक ढाल रखो, कुछ काम करो।
स्वच्छ रहो धैर्यवान बनो, कुछ काम करो।
विश्वपटल से कोरोना को प्रस्थान करो, कुछ काम करो।
स्वस्थ-विश्व- स्वप्न साकार करो, कुछ काम करो।

कोरोना गीत

डॉ हरिमोहन गुप्त

देश वासियो, बहिन भाइयो, मोदी का ऐलान,
आप मानिए, "अगर जान है तो ही रहे जहान"|
भारत ही क्यों, सब देशों में घमासान है,
कोरोना के कारण सब ही परेशान हैं |
सुरसा जैसा रूप बढाता जाता निशदिन,
आज चिकित्सक दल ही सच में समाधान है |
हाथ जोड़ कर विनती करते, गायें हम सहगान,
सात फीट की दूरी रक्खें, यह ही बने विधान |
केवल छूने मात्र किसी को, हमें सताए,
नहीं दवा है ऐसी कोई, हमें बचाए |
आज सभी उद्योग बंद हैं, हम हैं भीतर,
कब तक घर में रह सकते हैं, कोई बताये,
घर में रहिये, बात मानिए, हम सब एक समान,
"कोरोना" तो हार जायगा, होते क्यों हैरान |
शासन के निर्देश मान्य हैं, रहें सुरक्षित,
सभी एक हैं, भारत में हैं सभी संगठित |
फिरभी हम असहाय, ढूढना हल हमको ही,
आतंकी है, कोरोना को करें पराजित |
हो सहयोग आपका पूरा, स्वयं आप भगवान,
पालन करना निर्देशों का, तभी आपका मान |

कोरोना

राधा कुमारी झा (हावड़ा)

पूरी दुनिया में मचा दिया हा हा कार,
सबको कर दिया बेकार,
नाम सुन के इसका सबको आ जाएं रोना,
यह है उत्पाती कोरोना।।

ना जाने कहां से यह यमदूत आया,
अपने को भी कर दिया पराया,
मरघट बन गई दुनिया सारी,
किसी को याद रही ना यारी,
कोई कहे यह करो ना,
सबको सुनाई देता कोरोना।।

बिना गुनाह के हो गई जेल हमें,
करता कोई ना वकालत हमारी,
इस "कोरोना" ने ऐसा कहर बरपाया,
घर घर चिल्लाई सब हाय हाय।।

मैं कोरोना...

अभिनव गोईत (मधुबनी)

एशिया महाद्वीपे चीन राष्ट्र जन्मस्थान है मेरा,
मैं कोरोना अन्य कोविड – 19 नाम है मेरा!

महामारियों में सर्वशक्तिशाली मैं कोरोना,
वायरस विमारियों का सम्राट मैं कोरोना!

द्वीप महाद्वीप सब है परेशान मुझसे,
बिन ताला बंद सब डर के मुझसे!

सम्पूर्ण विश्व में मेरे ही चर्चे दिखते हैं,
अखबारों में मेरे ही कारनामे छपते हैं!

ये आयुर्वेद के नुस्खों ने करी है मेरी गति कम,
नहीं तो भारत जैस कितनों को देख चुके हैं हम!

नया सामान्य

अरुणा डोगरा शर्मा

सुबह-सवेरे माँ ने भेजा आज एक उपहार,
देख कर चकित हो गई, अनोखा माँ का प्यार,
खोला तो अंदर मासक, सैनेटाईज़र और हैंडवाश पाया,
हर मुश्किल घड़ी में माँ हरियाली छाया,
भेजी थी आशीष अरु समझाया,
बिना मासक पहने नहीं कहीं है जाना,
समय मिले तो तुम भी सीखो इसे बनाना।
नया सामान्य के साथ तालमेल का मौसम है यह आया,
माँ के अनुकूल सुख मंत्र की गूँज से मन मेरा हर्षाया,
हाँ माँ मैं भी सीख रही हुं वर्तमान के साथ चलना,
जीवन शैली सीख तुम्हारी, हौंसला रख आगे बढ़ना।

कोरोना एक नवगीत

अटल मुरादाबादी

नाम मे'रा तो कोरोना है, अपना भी तुम बतलाओ।
मिलना हो तो मिलो प्रेम से, घर से तो बाहर आओ।।

जीवन के सारे झंझट से, मुक्त तुम्हें कर दूँगा मैं,
जीवन में बस अंधकार से, पल पल को भर दूंगा मैं।
आओ मुझको गले लगाओ।
मिलना हो तो प्रेम से, घर से तो बाहर आओ।।

जो जन भी शरणागत आया। मैंने नहीं तनिक तड़फाया।।
मैं तो इक समदर्शी ठहरा, ग्रास बनाकर पार लगाया।।
अपना अपना हिस्सा पाओ।...

डाक्टर से परहेज़ मुझे है। सोशल दूरी नहीं मुनासिब।
जो भी मुझसे हाथ मिलाता, लगता मुझको वो ही बाजिब।
आओ मुझसे हाथ मिलाओ।...

साबुन से मुझको एलर्जी। मैं जीता हूं अपनी मर्जी।।
सहज निभाना मुझसे रिश्ता। जुड़ा हाथ से मैं बाबस्ता।।
बहुत तलों पर मैं मिलता हूं। हाथ लगाओ मैं फलता हूं।।
अपना भी तुम हाथ लगाओ।...

भीड़ बहुत मुझको प्यारी है। चाल बहुत मेरी न्यारी है।।
बिना शोर के डालूं डांका। चीन देश मेरा है आका।
चाहें जो आरोप लगाओ।...

निकल पड़ा अनजान सफर पर

शायर देव मेहरानियां (अलवर, राजस्थान)

निकल पड़ा अनजान सफर पर,
छोटा सा जीव निराला।
रोना-धोना मचा जहाँ में,
प्रकृति से पड़ा अब पाला।।
होके रह गये बन्द घरों में,
लगे की पड़ गया ताला।
चित्कार उठें घर की दीवारें,
जब बनता कोई निवाला।।
बन गई दुरियाँ जो रिश्तों में,
मिल गया, उनको नया हवाला।
तजे गये माँ बाप को देखो,
फिर से आज सम्भाला।।
भूल गये अब हाथ मिलाना,
गले नहीं कोई लगता।
यही तरीका बस है ठहरा,
जिससे 'कोरोना' नहीं डसता।।
बहुत हो गया तांडव इसका,
अब तो उपचार जरुरी है।
बच गया मरीज गर एक भी इसका,
जीने की आस अधुरी है।।

बर्बादी की कहानी

अन्नू जैन (अजमेर)

सब करके बर्बाद छीन के निवाला मुंह से
प्रगति को बदल अवनीति में सब तबाह किया
लाखों बने काल का ग्रास ऐसा कारनामा किया
बना कर ऐसा वायरस सबका सत्यानास किया
हो गए खत्म कारोबार लोग हुए घर से बेघर
अनाथ हुए कितने बच्चे कितनो के सुहाग छिने
क्या मिला करके ऐसा जो खुद को भी बर्बाद किया
न मिला इसके अंत का राज़ ये तो अभी पहने है
अपनी जीत का ताज बार बार फन उठा रहा चेता
जाग इंसान जाग मानवता को जगा न बन राक्षस
अब तो खोल आंखे अपनी ओर दिल के पट खोल

चेहरा सहमा सा लगता है

विजय कनौजिया (अम्बेडकर नगर, उ0 प्र0)

प्रारूप आज संबंधों का
बदला-बदला सा लगता है
अब राह बदलकर चलते हैं
चेहरा सहमा सा लगता है..।।

अब सहज नहीं मिलना जुलना
दिनचर्या सबकी बदल गई
हालातों से बेबस होकर
हर पल अब डर सा लगता है..।।

मिलना-जुलना अब सहज नहीं
दूरी रिश्तों पर हावी है
हम मधुर मिलन को तरस रहे
हर प्रेम अधूरा सा लगता है..।।

जीवनयापन की चिंता ने
छीनीं सबकी मुस्कानें हैं
अब चेहरे पर बसती चिंता
चेहरा मुरझाया सा लगता है..।।

खुशियों को किसकी नज़र लगी
भयभीत आज हर खुशी लगे
सब पहले जैसा हो जाए
जीवन फीका सा लगता है..।।
जीवन फीका सा लगता है..।।

चहुंओर

सुधीर श्रीवास्तव (गोण्डा, उ. प्र.)

फैला है
कोरोना का शोर,
सन्नाटे को चीरकर
रह रह कर
कोरोना सब को डराता है,
बिना भेदभाव के सबको आँखें दिखाता है।
बड़े गर्व से स्वछंद मंडराता है,
चुनौती देता
जो हमें स्वीकार है,
हमारी जिद से वो भी हलकान है।
अब तो हम सब की परीक्षा है।
सिर्फ जीतना
और
सिर्फ जीतना
जीतना ही है,
कोरोना के चक्र को तोड़ना ही है।
घर पर रहना है,
लाक डाउन है,
लाकडाउन रखना है।
कोरोना को भगाना है
कोरोना का आतंक मिटाना है।
खुशहाली का दौर
हर हाल में वापस लाना है।

कोरोना

प्रभात पटेल 'पथिक' (भोपाल, मध्यप्रदेश)

गीत सिरजो हौसलों के, गीतकारों!
हौसला इस समय कम होने न पाए।

चला ही आ रहा बढ़ता लीलने को जग समूचा –
काल का यह रथ विनाशी नित दिवस गतिमान होकर।
किन्तु निश्चित है कि जाना पड़ेगा उसको यहाँ से-
यदि लड़ेगा विश्व सारा एक बस इन्सान होकर।

गीत सिरजो हिम्मतों के, गीतकारों!
जीतने की आस कम होने न पाए!

स्वास्थ्यकर्मी या कि वर्दी पहन जो पहले दिवस से-
आपके हित में खड़े जो-गीत दो उनकी शपथ को।
और उनको लाख लानत भी लिखो-जो थूकते है-
या कि पत्थर मारते हैं, जा रहे थे जो सुपथ को।

गीत सिरजो ताकतों के, गीतकारों!
वर्दियों की धाक कम होने न पाए।

धन्यवाद कोरोना

सौरभ चौधरी (झालू-बिजनौर, उत्तर प्रदेश)

दिन रात कमाने में बेआराम दौड़ रही थी ज़िन्दगी
कि अचानक कोरोना आ गया.....
इसके अदृश्य भयावह रूप से धरा पर हर जगह डर छा गया..
कोरोना से बचाने को लगा लॉकडाउन
परिंदों के कैद में रहने का दर्द समझा गया......

जो रूका घर पर तो स्वयं से मिलने का अवसर मिला
रिश्तों मे जो खो सा गया था; वो प्यार लौट आया,
धन्यवाद कोरोना तु रिश्तों में अपनापन जगा गया....

अगर कोरोना ना आता......
मै आसमान को कभी इतना नीला ना देख पाता,
सूरज को इतनी सफेद धूप बिखेरते ना देख पाता,
चन्द्रमा को इतना श्वेत, तारों को इतना जगमग ना देख पाता,
हवा को इतना शीतल, सुगंधित ना अनुभव कर पाता,
नदियों के जल को इतना साफ, शुद्ध ना देख पाता,
जीवन में इतनी अथाह शाँति, आनन्द को ना अनुभव कर पाता,
अगर कोरोना ना आता, अगर कोरोना ना आता,

धन्यवाद कोरोना तु प्रकृति की सुन्दरता बढ़ा गया......
धन्यवाद कोरोना तु स्वच्छता, स्वस्थ जीवन का पाठ पढ़ाकर
जीवन का मूल्य समझा गया।।।।

कोरोना काल

संदीप (महेंद्रगढ़, हरियाणा)

कौन! कहा से आया रे, तू कोरोना
कर दिया तूने सब पर जादू – टोना
अलग कर दी तूने बाबू से उसकी सोना

सिमट कर रह गई जिंदगी तूने ऐसे बनवा दिये जॉन
मिलती है तेरी गाइडलाइंस फोन पर जब बोलते हैलो कौन
तूने सबकी चहचाहती जिंदगी को कर दिया मौन,

तेरे चक्कर में चली गई नौकरी, खत्म हो गया अब आटा
लोगो से लोग बिछड़ गए दूर से करते अब टाटा
घरों में कर दिए कैद सुध ले अब हमारी कौन

तेरे लिए दिए जलाए, और पिटे हमने ढोल
दो मीटर की दूरी रखी ऐसा बनाया हमने गोल
हमे अब तक समझ ना आया ये कैसा है झोल
कौन! कहा से आया रे, तू कोरोना।।

छोड़ो ये रोना

डॉ० प्रतिभा माही

कोरोना कोरोना का छोड़ो ये रोना
समर्पित हो रब को उसी को जपोना

हवन कर करो शुद्ध वातावरण को
जपो गायत्री मंत्र चिंता करोना

सकारात्मकता विचारों में रखकर
करो शुद्ध भोजन किसी से डरोना

करोना ने ऐलान-ए-जंग जो किया है
दफ़न कर उसे पीर जग की हरोना

कहानी लिखी जाए स्वर्णिम पटल पर
करो कुछ गजब का यूँ ऐसे लड़ोना

रखेगा सुरक्षित वो 'माही' हमारा
इनायत से उसकी आ झोली भरोना

कोरोना - इंसानियत को सबक

आकिब जावेद (बाँदा, उत्तर प्रदेश)

मानवता को ही भूलकर, मानव करता था सब काम
सुबह से लेकर शाम तक, नही था एक भी आराम
प्रकृति का खूब दोहन करा, वह धरा का किया नुकसान
सोंच रहा था उसने भी, खूब कर लिया है नाम
राष्ट्रों ने भी कर लिया था, परमाणु बम का इंतेज़ाम
लेना था सबसे अब इंतक़ाम
अर्थव्यवस्था को लेकर थी, राष्ट्रों की खूब यूँ खींचातान
जिसे देख होता ईश्वर हैरान
तभी अचानक एक दिन, वुहान शहर से आया मेहमान
था कोरोना नाम का शैतान
पूरे विश्व में डालकर डेरा, दिया खूब घातक अन्जाम
थे परमाणु से जो रौब झाड़ते, वो हो गए जीवाणु से हैरान
एक – दूजे के यूं सम्पर्क से, फैलने लगा था धीरे-धीरे रोग
सहमे -सहमे से रहने लगे थे, यूं सभी राष्ट्र के अब लोग
कोरोना ने खूब महामारी फैलाई
नही बनी है इसकी कोई दवाई
मिलकर अपनाए सब यूं उपाय
सामाजिक दूरी, सेनेटाइजर, मास्क
घर से बाहर जाने पर अपनाए
लॉकडाउन का पालन करे
कोरोना को मिलकर हराए
राष्ट्र को विश्व विजेता बनाए।।

करके जादू- टोना, भगाना है कोरोना

पवनेश ठकुराठी (अल्मोड़ा, उत्तराखंड)

सुनो पप्पू के भैया, सुनो प्यारे कन्हैया।
सुनो रामू, श्यामू, दामू, सुनो रेखा, शीला, मोना।
करके जादू- टोना, भगाना है कोरोना।।

खान-पान का सबको, ध्यान है रखना,
और सभी को ताजा, भोजन है करना।
गर्म जल पीकर, नित्य हाथों को है धोना,
करके जादू- टोना, भगाना है कोरोना।।

जब तक दवाई नहीं, तब तक ढिलाई नहीं,
नारे को अपनाने में, बिल्कुल भी कोताही नहीं।
दो गज दूरी, सदा बनाए रखनी है,
क्योंकि हमने अपनों को कभी नहीं है खोना।
करके जादू- टोना, भगाना है कोरोना।।

सुनो रामू, यह जादू है सामाजिक दूरी का,
सुनो रेखा, यह टोना है सावधानी नूरी का।
इस जादू-टोने से, आलोकित हो घर का कोना,
करके जादू-टोना, भगाना है कोरोना।।

कोरोना का हाल बेहाल

जितेन्द्र कुमार (भरतपुर, राजस्थान)

सबसे पहले चीन में आया फिर आया संसार में

तूने आके महामारी करदी हमारे हिंदुस्तान में

तेरे यू आ जाने से बदल गया सारा संसार

तूने आके जो करदी सबकी हालत खराब

तेरे लिए कर्फ्यू लगा ओर लॉकडॉउन हुआ हर एक इंसान

मास्क ओर सेनेटाइजर उपयोग फिया फिर हिन्दुस्तान में

तूने आके जो करदी सबकी हालत खराब

लाखो को बेरोजगार किया, किया हजारों को बेघर

तूने इतनी तबाही मचाई बनके एक अजगर

अर्थव्यवस्था को तू निगल गया मचा चारो ओर हाहाकार

भारत में तेरी एक ना चली टिक टिक पर किया तेरा तिरस्कार

कोरोना अब तेरी खेर नहीं बन गया तेरे लिए हथियार

बेक्सीन से तेरा खात्मा होगा खुश होगा अब इंसान

जब खुश होगा इंसान तो हमारा भारत बनेगा महान

मचा है हाहाकार

जटाशंकर "जटा" (कुशीनगर, उत्तर प्रदेश)

कोरोना के कहर से, मचा है हाहाकार।
देखो पैदल चल पड़े, छोड़ सभी घरबार।

सिर पे गठरी गोद में बच्चा, लिए हुए मजदूर।
जाने कैसी विपदा आई, हुए बहुत मजबूर।

बेटी के पांवों के छाले, एक टक देखे माता।
रो कर बोले छोटा मुन्ना, चला नही अब जाता।

बस थोड़ी ही दूर चलो ना, लो कहना अब मान।
हम बेबस बेघर हैं बच्चों, बनों ना तुम अनजान।

देखो अँखियों के आँसू भी, गए हुए हैं सूख।
अभी न कहना पापा से तुम, लगी हुई है भूख।

कुछ दिन और चलोगे जो तुम, मिल जाएगा ठांव।
निष्ठुर इन शहरों से अच्छा, है अपना ही गांव।

सुनकर इनकी करुण वेदना, क्या कर सकता बाप।
कलम "जटा" की लिख न पाए, क्यों करते तुम जाप।

कोराना का कहर

जयविंद सिंह नगारिया

ऐसा अकाल आया हैं देश में, देश विचारा रोया,
किसान रोया फ़सल खेत में, हाय अब क्या होया,
बादल छाये बीमारी भी इतनी आयी,
खेत हमारे तैयार खड़े हैं, कैसे होत कटाई,
जवान सीमा पर खड़ा बहा पर,
सोच कर मन में रोया,
देश हमारा अब उजड़ रहा हैं,
इसे कैसे हमने जोड़ा,
मजदूर रोया बिलख बिलख कर,
हाय हमारा अब क्या होगा,
खाने को अब बचा नहीं हैं,
मजदूरी हाथ से खोया,
जा रहै हैं वो पैदल घर पर,
यहां हमारा अब क्या होगा,
कयी दिनों का सफ़र कड़ेगा,
क्या क्या रस्ते में होगा,
नेता तो बस भाषाण दे गये,
उनका क्या होगा,
पैसा विलैक मनी भरा पड़ा हैं, चैन से घर पर सोया,
पैसे बालों को ईयार लिफ्ट मिल गई, ग़रीब पिट पिटकर रोया,
देश में अब ये आकल पड़ा हैं, देश क्या अब होया,
ऐसा अकाल आया हैं देश में, देश विचारा रोया

कोरोना का कहर

अमित कुमार दीक्षित

चारों तरफ है मची महामारी चीन की कोरोना पूरी दुनिया पर भारी
चीन के बाद फैल रही अन्य देशों में बारी – बारी
विज्ञान भी विवश होकर देख रही है मनुष्य की लाचारी
न कर पा रहा है मदद कोई परीक्षण और रिसर्च हमारी
संक्रमित हो रही धींरे – धींरे आम जनता हमारी
कही यह जैविक युद्द की तो नहीं तैयारी
हो रही जैविक हथियारों की परीक्षण बारी – बारी
कभी सार्स, कभी कोरोना जैसे वायरसो की महामारी
अब जैविक हथियार ही होगी युद्ध के लिए विकल्प हमारी
पहले छिपाया, अब पछताया पूरी दुनिया को चीन ने मूर्ख बनाया
अब न दिख रहा कोई समाधान, कोरोना से है चीन परेशान
एक – एक कर सारी दुनिया में फैल रहा कोरोना का कोहराम
धींरे-धींरे मिटते चले जा रहे है जीवन के निशान
कोरोना का रोना अब पूरे विश्व को पड रहा है ढोना
कोरोना का कहर भारत के लिए लाया सुअवसर
चीनी अर्थव्यवस्था है चरमरायी
कंपनियों और कारखानों पर ताले मारने की नौबत आयी
भारत को आगे बढ़ने की नई दिशा है दिखायी
अन्य देशों का भारत पर निर्भरता है बढ़ायी
माननीय प्रधानमंत्री जी ने एक मार्ग सुझाया है
कोरोना को जड़ से मिटाने का राह उन्होने दिखाया है
धैर्य रखकर घर पर ही रहना थोड़े दिन की छाया है
कोरोना से जंग हम जीत बदलेंगे देश की काया है

जय हिंद!

जरूरी क्या है?

पृथ्वी सिंह बेनीवाल बिश्नोई

जरूरी क्या है?
बिन मजबूरी घर से न निकले,
जीवन से अधिक जरूरी क्या है?
पग पग कोरोना मौत बना है,
मौत से मिलना मजबूरी क्या है?

बिन हाथ धो न खाना खाना,
पाप में धँसना जरूरी क्या है?
जानते हैं महामारी कातिल है,
कोरोना में उलझना जरूरी क्या है?

जिन्दगी अनमोल़ ख़ज़ाना है,
इसे नष्ट ही करना जरूरी क्या है?
सुखी जीवन को सँवारे अब,
मुसीबतें बढ़ाना जरूरी क्या है?

जिन गली-मौहल्ले काम न हो,
वहाँ जाने की मजबूरी क्या है?
महामारी तो भय व मौत है,
मौत पास लाना जरूरी क्या है?

मास्क लगा बातें अब करना,
चेहरा दिखाना जरूरी क्या है?
'पृथ्वी' पर शुद्धता रखें अब,
बीमारियां लाना जरूरी क्या है?

मर्ज कोरोना

नफे सिंह कादयान (अम्बाला, हरि.)

सेनेटाइज हो ले, मास्क लगाले।
है मर्ज कोरोना, सांस बचाले।।

गलबहियां डाले, चले जो सफर में,
जोखिम बड़ेंगे, पड़ेंगे कब्र में,
दो गज की दूरी, अभी अपनाले,
है मर्ज कोरोना, सांस बचाले।।

कारज करो सब, किसने है रोका,
पर जिंदगानी, देवे ना दोखा,
भीड़ से तन को, दूर हटाले,
है मर्ज कोरोना, सांस बचाले।।

गर्दिश रहे ना, नया दौर आ,,
अंधेरा घना ये, सुबह भोर ला,,
दूरी बना के, कदम दो बड़ाले,
है मर्ज कोरोना, सांस बचाले।।
सेनेटाइज हो ले, मास्क लगाले।
है मर्ज कोरोना, सांस बचाले।।

फिर अड़ गई है रात

क्षेत्र 'प्रेम' मुखिया

बरस रहें हैं और एक मुट्ठी
यातनाओं के रेत
कण-कण कोरोना बनकर।

मेरी तरह मन के गर्भ में
अनेकों आकांक्षा लिए बाध्य है
खट्टे सपनों को लिए जीने वाले..।
हरे! सपनों को भी तो
अकाल पड़ा है।

हथेलियों से भूख के रुग्न धूप को
रोक न पाने पर
अस्तित्वविहीन बने हैं
कर्म की तपस्या करने वाले वो हाथ।
किंकर्तव्यविमूढ..........

सौंप दिया है खुद को
अपनी अस्मिता गिरवी रखकर
आशाओं के आश्रय में।
उधर देवता व्यस्त है
सृष्टि की नई संस्करण लिखने
और इधर शुभ-अशुभ की तराजू में
अँधेरे को अशुभ मानने वालों के लिए
फिर अड़ गई है रात॥

कोरोना

अनीस शाह "अनीस" (साईंखेड़ा नरसिंहपुर, म. प्र.)

है बेबसी कि तेरे घर भी आ नहीं सकते।
और अपने घर भी तुझे हम बुला नहीं सकते।।

मिला है एक ज़माने के बाद यार हमें।
बढ़ा के हाथ गले भी लगा नहीं सकते।।

हिजाब में है तबस्सुम लबों की सुर्ख़ी भी।
कि लुत्फ़ हुस्न का तेरे उठा नहीं सकते।।

बड़ी अजीब ख़मोशी है आज चारों तरफ।
हम अपने घर कोई महफ़िल सजा नहीं सकते।।

ये दूरियां न कहीं दिल में फासले कर दें।
यहीं तो अपनी है दौलत गँवा नहीं सकते।।

बनी है दुश्मन-ए-जां ये वबा तो कोरोना।
लड़ेंगे इससे भी हम सर झुका नहीं सकते।।

निकालना ही पड़ेगी कोई तो राह "अनीस"।
कि ज़ीस्त क़ैद में यूं तो बिता नहीं सकते।।

लॉकडाउन को चलो भुनाएं

डॉ रीतेश कुमार खरे (ललितपुर)

जो संकट हम पर आया है
वह भी एक अवसर लाया है
आओ इसका लाभ उठाएं
लॉकडाउन को चलो भुनाएं

दिनचर्या हम करें नियंत्रित
सूक्ष्म योग व्यायाम करें हम
घर में रहकर हंसे हंसाए
लॉकडाउन को चलो भुनाएं

घर में रहकर तरह-तरह के
हम भी काम किया करते थे
उन पर हाथ पुनः अजमाएं
लॉकडाउन को चलो भुनाएं

जिन रिश्तो में जंग लग गई
मित्र जो बरसों से न मिले हैं
उन सब से संपर्क बनाए
लॉकडाउन को चलो भुनाएं

जीवन के रेलम पेले में
खुद को खुदा मान बैठे थे
मन से अब यह भरम मिटाएं
लॉकडाउन को चलो भुनाएं

कोरोना

प्रवीण पण्ड्यां (डुंगरपुर)

कोरोना कोरोना
कर के रोना मत।
मुह पर कपड़ा
हटा के खोना मत।
हाथ साबुन से धोये
डरोना डरोना।
छिक आए तो भी
घर से निकलो ना।
कुछ खुशियां है
घर तुम्हारी
तुम गँवाओ ना
भारत वैदिक गुरु है
तुम खो ओ ना
दूर रहकर बात करो
पास आओ ना
तुम भुलो ना
कोरोना तो गंभीर है
पर तुम डरो ना।
मुंह पर कपड़ा
हटाके खोना मत

कैसी विकट घड़ी आई है

महेन्द्र नारायण (काँधला, शामली, उ० प्र०)

कैसी विकट घड़ी आई है, हर मानव भयभीत हैं...
पूछ रही है अब मानवता, हे प्रभु! कैसी प्रीत है...

किसने छेड़ा है सूरज को, तन में ताप जगाये।
किसने छेड़ा है बादल को, शीत कँपकँपी लाये ॥
साँसों पर संकट आया या, पवन का बैरी गीत है...

पंचतत्त्व की प्रकृति बिगाड़े, कर्म विरुद्ध बनाए।
लौट के जैसे श्रद्धा -मनु के, युग में हम भी आए ॥
भौतिकता के चरम काल में, काल कोरोना भीत है..

सपने सबके चूर हो गये, उन्नति – पथ कँटिलाए।
संकट के बादल जीवन पर, निशि वासर गहराए।।
मौत – दामिनी छेड़ रही ज्यों, व्याधि का इक संगीत है...

कोरोना का रोना

सुखविंद्र सिंह मनसीरत (कैथल)

कोरोना वायरस का खुमार तो देखिए
गांव गांव शहर शहर असर तो देखिए
हर कोई दिखता शहर में बीमार सा
तनिक जनाब, कोरोना हश्र तो देखिए
मच गया हाहाकार, हड़कंप और कहर
भययुक्त भयभीत है जिक्र तो देखिए
कतराने लगा हाथ मिलाने से हर कोई
अदब का बदलता शिष्टाचार तो देखिए
बना गया है चर्चा–परिचर्चा का विषय
छपे अखबार में जरा मुखर तो देखिए
आनन फानन में दिए नित नये फरमान
सरकारी गले में फंसी लचर तो देखिए
अफवाहें हैं या फैलाव की प्रमाणिकता
फैला सरकारी काला बाजार तो देखिए
अपने हों या पराये, देशी हो या विदेशी
कोरोना से उड़े चेहरे का दार तो देखिए
विदेशों में अब आवागमन हो गया बंद
कोरोना महामारी की भरमार तो देखिए
नहीं दिख रहा कोई नियंत्रण समाधान
सरकार की हालत लाचार तो देखिए
मनसीरत रखरखाव और सावधानियां
डूबते जहाज के हैं आसार तो देखिए

* 9 7 8 8 1 9 4 7 2 1 9 7 0 *

FCW - #0054 - 061026 - C0 - 216/140/12 - PB - 9788194721970 - Gloss Lamination